法学教育改革与法律人才培养模式研究

李小鲁 著

群言出版社
QUNYAN PRESS
·北京·

图书在版编目（CIP）数据

法学教育改革与法律人才培养模式研究 / 李小鲁著. -- 北京：群言出版社，2023.2
ISBN 978-7-5193-0811-7

Ⅰ．①法… Ⅱ．①李… Ⅲ．①法学教育－教育改革－研究－高等学校②高等学校－法律－人才培养－培养模式－研究－中国 Ⅳ．① D90 ② D92-4

中国版本图书馆 CIP 数据核字（2022）第 256146 号

责任编辑：张文斌
封面设计：知更壹点

出版发行	群言出版社
地　　址	北京市东城区东厂胡同北巷1号（100006）
网　　址	www.qypublish.com（官网书城）
电子信箱	qunyancbs@126.com
联系电话	010-65267783　65263836
经　　销	全国新华书店
印　　刷	三河市明华印务有限公司
版　　次	2023年2月第1版
印　　次	2023年2月第1次印刷
开　　本	710mm×1000mm　1/16
印　　张	11.75
字　　数	235千字
书　　号	ISBN 978-7-5193-0811-7
定　　价	66.00元

【版权所有，侵权必究】

如有印装质量问题，请与本社发行部联系调换，电话：010-65263836

作者简介

李小鲁，男，汉族，1981年1月生，湖南省长沙市人，毕业于中南财经政法大学，硕士研究生学历，经济法专业。现任教于重庆文理学院，讲师，研究方向：经济法、民商法、法学教育。重庆雨禾律师事务所律师，副主任。发表学术论文4篇，出版专著1部；主持和参与各级科研课题6项。

前　言

　　大力开展法学教育、培养高素质法律人才是我国建设社会主义法治国家的重要支撑。我国的法学教育已取得了令人瞩目的成绩，但法学教育仍不可避免地在制度建设、教学模式和就业率等方面遇到了困境。当前教育部开展的"卓越法律人才教育培养计划"，对法学教育强调实践性职业技能培养、推进法学教育改革具有重大而深远的意义。各法学院系应在此计划推广和实施之际，抓住有利时机，在树立先进培养目标、创新传统教学方法、构建科学课程体系等方面进行有益的探索。

　　全书共六章。第一章为绪论，主要阐述了法学教育的界定、法学教育的价值、中国法学教育的发展历程、法律人才的培养目标等内容；第二章为国外法学教育的发展及其启示，主要阐述了国外法学教育的发展、国外法律人才教育对我国的启示等内容；第三章为法学教育改革与法律人才培养的思考，主要阐述了法学教育与法律人才的现状、法学教育改革的关键、法学教育改革的新挑战、法律人才培养模式的缺陷等内容；第四章为法学教育改革的具体内容，主要阐述了法学教育教学方法的改革、法学教育实践教学的改革、法学教育师资团队建设的改革、法学教育质量评估体系的改革等内容；第五章为应用型法律人才培养模式构建，主要阐述了应用型法律人才培养模式、应用型法律人才培养的具体方式、应用型法律人才培养模式的价值与构建路径等内容；第六章为学术型法律人才培养模式构建，主要阐述了学术型法律人才培养模式、学术型法律人才培养模式的现状及成因、学术型法律人才培养的方法和途径、学术型法律人才培养模式的构建路径等内容。

　　在撰写本书过程中笔者借鉴和吸收了许多前人的研究成果，参考了大量的文献资料。在此，谨向各位专家、学者和文献的原作者表示诚挚的谢意！

　　由于笔者的学识、时间和精力方面的局限，书中难免有疏漏和不当之处，敬请各位专家读者不吝赐教。

目 录

第一章 绪论 ··· 1
 第一节 法学教育的界定 ······································ 1
 第二节 法学教育的价值 ······································ 4
 第三节 中国法学教育的发展历程 ··························· 28
 第四节 法律人才的培养目标 ································ 36

第二章 国外法学教育的发展及其启示 ······················ 43
 第一节 国外法学教育的发展 ································ 43
 第二节 国外法律人才教育对我国的启示 ·················· 56

第三章 法学教育改革与法律人才培养的思考 ··············· 61
 第一节 法学教育与法律人才的现状 ························ 61
 第二节 法学教育改革的关键 ································ 70
 第三节 法学教育改革的新挑战 ······························ 78
 第四节 法律人才培养模式的缺陷 ··························· 85

第四章 法学教育改革的具体内容 ······························ 94
 第一节 法学教育教学方法的改革 ··························· 94
 第二节 法学教育实践教学的改革 ··························· 117
 第三节 法学教育师资团队建设的改革 ······················ 129
 第四节 法学教育质量评估体系的改革 ······················ 136

1

第五章 应用型法律人才培养模式构建 ……………………………… 138
第一节 应用型法律人才培养模式概述 …………………………… 138
第二节 应用型法律人才培养的具体方式 ………………………… 142
第三节 应用型法律人才培养模式的价值与构建路径 …………… 148

第六章 学术型法律人才培养模式构建 ……………………………… 152
第一节 学术型法律人才培养模式概述 …………………………… 152
第二节 学术型法律人才培养模式的现状及成因 ………………… 165
第三节 学术型法律人才培养的方法和途径 ……………………… 168
第四节 学术型法律人才培养模式的构建路径 …………………… 171

参考文献 ……………………………………………………………… 178

第一章 绪论

法学教育是我国高等教育体系的重要组成部分，是进行民主法治建设的先导性工程，它关系到依法治国方略的实现，关系到社会、经济、政治秩序的稳定和人民的安宁。本章分为法学教育的界定、法学教育的价值、中国法学教育的发展历程、法律人才的培养目标四部分。主要包括法学教育的概念、法学教育的操作性价值、法学教育的终极性价值、中国古代的法学教育、新中国成立后的法学教育、法学学士培养目标等内容。

第一节 法学教育的界定

一、法学的本质

关于法学的本质问题，近代学界有不同的观点，其中具有代表性的观点有以下四种。

第一，法学是实证科学。近代自然科学的兴起、迅速发展及其对人类社会发展的巨大历史作用，使一些人对自然科学顶礼膜拜，他们认为自然科学的理论和方法同样可以用来研究人类社会，并且认为只有这样才能获得精确、可靠的知识，包括法学在内的一切学科都应当向自然科学看齐，建成像自然科学那样的实证科学。因此，在法律研究中，近代许多法学家采用机械物理学、生物进化论等自然科学的理论来解释法律现象。

第二，法学是形式科学。这种观点是基于将科学分为经验科学和形式科学而对法学做出的界定。这种分类认为，经验科学包括自然科学、社会科学两部分，以搜集、分析和处理具体的经验事实为主要内容；形式科学包括逻辑学、数学，以讨论普遍的形式演算为主要内容，它关注思维的、语言的纯形式方面，不涉及其内容或价值取向。

第三，法学是人文科学。很多人文科学的研究者都主张将法学划入人文科学的范畴。人文科学以文化为研究对象，而文化包括了宗教、法学、史学、哲学、政治、经济学等科学的一切对象。英国《不列颠百科全书》也将法学归入人文科学之列。在中国，虽然很少有人明确将法学归入人文科学之列，但近年来法学界有些学者按照人文科学的研究思路来进行法学研究。

第四，法学是社会科学。中外学术界尤其是中国学术界，通常都将法学划入社会科学的范畴。《牛津法律大辞典》《中国大百科全书》等都将法学归入社会科学之列，我国出版的各种法理学教材几乎不约而同地将法学归入社会科学之列。《中国大百科全书》对法学的解释是：法学，又称法律学、法律科学，是研究法这一特定社会现象及其发展规律的科学，属于社会科学的一个学科。上面对"法学是什么科学"的回答，实际上道出了法学不同维度的含义。每一维度各有其特定的观察视角、分析方法和研究特色，它们实际上是相互补充的。人类迄今为止拥有的知识，按照构成和存在方式的不同大致可以归结为三种不同形态，即有关社会的、有关人文的和有关自然的，各种知识门类都被归入这三种形态。因此，按照这一对知识形态的概括，人们一般将科学划分为自然科学、社会科学和人文科学这三种类型。

在这一分类标准下，我们倾向于把法学界定为一种存在于社会科学和人文科学之间的知识形态。法学以法律现象为研究对象，考察法的产生、发展及其规律，各种法律规范、法律制度的性质、特点与相互关系，研究法的内部联系和调整机制，法与其他社会现象的联系、区别及相互作用，因此具有社会科学的性质。同时，法律又是人们生活意义的规则体现，是规则与意义的交结，法学要解决不同民族、不同国度人们生活所面临的问题，要为人们在规则下生活提供精神导向，因此又具有人文科学的性质。

二、法学教育的概念

什么是法学教育？目前学术界还没有明确的定义，在不同的语境下对法学教育也有不一样的诠释。对于当前法学理论界对法学教育的理解，总结归纳起来大致可以概括为"最广义说""广义说""狭义说"三种。

从最广义的角度考虑，法学教育包含向一般的社会大众普及法律常识，向各级学校的学生教授一般或专业的法律知识。它将"法制教育"也包含在法学教育中，却将法学教育的专业性淡化，将法学教育的范围泛化。

从广义的角度说，法学教育应有两种类型，即普通高等法律教育和法律职业教育。

从狭义的角度说，法学教育是国家高等教育的重要组成部分，指在高等学府对法学专业学生完成传授法律知识、培养法律能力等任务的专业教育，但是它将除高等学府外的其他教育主体都排除在法学教育之外。

需要注意的是"最广义说"和"狭义说"既不符合法治发达国家对法学教育的理解，也不符合我国现阶段法学教育发展的境况。因此，我们主要以广义的角度看待法学教育。

三、法学教育的性质

美国著名法学家罗斯科·庞德（Roscoe Pound）于 1948 年 2 月 4 日在南京国民政府教育部法律委员会第五次会议上所作的关于中国法学教育问题的报告中指出：法律教育是法律的基本问题，而法律是宪政的基本问题。时至今日我们又进一步认为法学教育的性质又是法学教育的基本问题，如不对中国法学教育进行正确定性，法学教育就会迷失方向、误入歧途，势必制约我国法学教育的发展，就不能培养出适合法治社会要求的合格法律人才。

目前，在中国法学教育的性质问题上，学术界众说纷纭。1999 年 6 月 13 日，党中央、国务院召开了第三次全国教育工作会议，并通过了《中共中央国务院关于深化教育改革全面推进素质教育的决定》。决定指出："实施素质教育应当贯穿于幼儿教育、中小学教育、职业教育、成人教育、高等教育等各级各类教育，应当贯穿于学校教育、家庭教育和社会教育等各个方面。"大学法学教育作为高等教育的一部分，也应当实施素质教育，这是毫无疑义的，这是因为以下几点。

首先，法律职业所肩负的崇高社会使命要求学校必须对法学专业大学生进行素质教育。要求大学法学教育必须以培养学生形成职业使命感、责任心和奉献精神为目标。通过多样的教育和教学方式，把法律职业的崇高使命感、责任心和奉献精神内化为被教育者稳定的心理和坚定的信念，为法学专业大学生肩负起崇高社会使命奠定坚实的基础。

其次，法律人才的社会通用性决定了必须对法学专业大学生进行素质教育。21 世纪的社会是社会分工日益精细化、经济和各种社会生活日益社会化的社会，无论是作为一般的法律工作者，或者作为熟知社会复杂交往行动规则的社会人，都要求法律人才必须是"多面手型"人才。在法治社会里，法律人才所表现出的秩序规则意识、平等和民主精神，使法律人突出地表现出一种非常广泛的社会适用性，使法律人才成为一种社会通用人才。这就客观地要求，大学法学教育不只是进行专业理论知识的传授,而必须把素质教育视为生命,为飞速发展的社会提供合格的各种法律人才。

最后,法律职业的特殊性决定了必须对法学专业大学生进行素质教育。医生是人的生理机体的修理者和维护者,政治家是社会宏观秩序的营造者和维护者,法律工作者则是社会微观秩序的维护者。医生的存在价值是维护和引导人的生理和精神的正常运行,政治家的价值是维护社会正常运行,而法律工作者的价值是维护人的社会行为的正常运行。

社会生活是丰富多彩的,人与人之间的关系是复杂多样的,因此,人的行为是难以确定的。准确把握不同形态和不同形式的人与人之间权利和义务的微妙变化,要求法律工作者必须深入社会生活各个领域,理解社会,理解各种行为的人。当然,这也客观地要求法律从业人员不但必须具有多学科、多领域的知识修养,而且要有高超的法律知识运用能力,也就要求法学教育必须以体现多维知识和能力教育的素质教育为本。

第二节 法学教育的价值

一、法学教育的基础性价值

法学教育的基础性价值主要体现为传授、整合与创新法律知识。自高等教育产生以来,处理各门高深知识就是高等教育的主要任务,并一直是各国高等教育的共同研究领域。可见,知识是包括法学教育在内的高等教育活动的一个不可或缺的要素。

(一)法学教育中的构成性地位

1. 法学教育的教学活动

以知识传授为内容来培养人才是现代学校的首要职能,实现这一职能的重要手段便是教学活动。教学活动即教授和学习的双向活动过程,主要是以人类的间接经验——知识为内容展开的。无论大陆法系的理论讲授还是英美法系的案例教学,在教师和学生之间进行交流、传递的都是知识,只不过大陆法系偏重理论性知识,英美法系偏重实践知识。

2. 法学教育的科研活动

以发展、创造知识为目的的当代,学校尤其是大学承载着发展科学的职能。

自 19 世纪科学研究的理念进入大学以来，随着科学研究成果向全社会的渗透，大学科研的规模和范围日益扩大，科学研究已经成为当代大学的重要职能。大学已经成为满足社会知识需要的"知识工业"重地，在未来的知识经济时代，社会的主要资源——知识必然来自大学。

法学教育作为高等教育的一种形态，其所承载的科研职能也倍加显著。校际合作，学校与国家政府机关、社会科研机构合作，承担国家、省部级科研项目，完成一些重大理论与实践研究课题是我国法学教育实现科研职能的主要形式。完成这些课题的实质性条件在于创新性，在于创造性地解决理论与实践问题，归根结底在于实现了知识的发展与更新。

3. 法学教育的社会服务职能

法学教育的社会服务职能实质上是应用知识为社会服务，是 20 世纪 50 年代以来世界高等教育发展的大趋势。社会学者研究指出，美国的大学已成为社会中一个有力量的重要的组成部分，它已是社会主要的服务机构，不只是人才培育基地，也是政策咨询的主要来源。

目前，法学教育的社会服务职能也日益凸显。法学教育服务的对象囊括了企业、事业单位、国家机关以至个人。为国家机关提供政策与立法咨询服务，为企事业单位和个人提供各种法律服务是当代法学教育服务社会的主要表现。法学教育所提供的各种社会服务实质上就是在应用知识解决复杂的社会法律问题。

（二）法律知识的传递

传递知识尤其是法律知识是法学教育的基本功能。一切形式的高等效育，如果说不是从事知识生产的话，至少总要进行高度发展的知识的系统化工作和传递工作。事实上，教育的基本功能之一就是重复，重复地把上一代从祖先那里继承下来的知识传给下一代。因此，和过去一样，教育体系负有传递传统价值的职责。这是正常的事情，以至于人们将大学的功能长期定位于传授知识。法律知识的传递是指法律作为一种文化现象从先至后的延续过程，是人类法律精神的一种信息辐射。法学教育在法律知识延续的历史中功绩卓著。

自 12 世纪法科大学产生以来，法学便在法律知识的传递中向前发展。以实证的视角来看，古罗马法在欧洲复兴和普适化的原因应归结于法学教育即法科大学对罗马法知识的传递。当时的波伦亚大学孜孜不倦地为来自欧洲各地的法律学子选择并传授着湮没了几个世纪的罗马法律文献《学说汇纂》。这部古老著述所涉及的当时不为人所知的制度和问题如此之多，一直难以为人们所理解，所以他们就努力以精确再现和解释其条文为己任。经过他们的努力，灿烂的罗马法律文化经历几个世纪的消沉之后得以重新焕发生机。这些学子将罗马法知识带到整个欧洲大陆，成为欧洲大陆共同法的知识源头。因此，如果没有中古法科大学对罗马法知识的传递，远古的罗马法律文明就不会在中世纪的欧洲大陆复兴，也不会传至近代。同样，如果没有近代法学教育对基于罗马法知识传统的成文法知识的宣扬，也就不会有大陆法系知识传统的形成。

（三）法律知识的整合、创新

知识的整合与创新是法学教育知识性价值实现的间接途径。法学教育承载着知识传送、知识生产的双重任务。如果说法律知识传递是法律演化中的怀旧，那么知识生产便是法律的发展与创新，这两方面是紧密联系在一起的。人类离不开怀旧，这不仅因为怀旧是人类的一种必要的精神驿站，更重要的是只有在怀旧时人们才能更客观更理性更有效地向前推进。法律知识更需要创新与发展，否则人类法律知识只会在传递中因自然的损耗而萎缩甚至消失。

法学教育在知识传递中实现了知识的整合，并且在知识整合的基础上实现知识的创新。如果说知识传递是法学教育实现对学生知识素养培育的直接途径的话，那么知识的整合与创新则是影响知识素养的间接因素。法学教育对知识的整合、创新不断推动着人们对法律认识水平的提高，从而为知识教学创造了理性的前提。

回眸历史，人们常常慨叹西方法学悠久的历史、灿烂的法律文明，但我们所关注的是孕育这耀眼文化的根基——法学教育。没有法学教育对知识的整合与创造，没有法学教育自由的学术空间，就没有法学教育对知识的传递，也就谈不上对学生专业知识修养的熏陶。简言之，知识的传递与知识的整合、创新是法学教育知识性价值实现不可分割的两种途径。

二、法学教育的操作性价值

（一）法律职业技能

鉴于中国法学教育的职业化导向，将法学教育的目标确定为"培养未来的法律职业人"是一个应有的趋势，但中国法学教育对法律职业的贡献显然是不能令人完全满意的，法学教育与法律职业相脱节的情形时有发生，这种"脱节"体现为法学教育未能培养出适合法律职业要求的专业人才。从实务界的角度来看，中国法学院的毕业生偶有遭到来自司法、企业等实务界的"投诉"和"抱怨"，关于这种"投诉"和"抱怨",典型的表达是,法学院的毕业生不会运用法律进行思考、研究并解决问题,而仅仅是记住了大量的法条,不会在经过充分而严密的论证的基础之上进行法律文书的写作等,并因此被挡在法律职业的大门之外。对此,一个间接性的证据是:在研究机构公布的各学科的就业率中,法学专业的排名总是相对靠后。虽然就业率低并非完全由法学教育造成,但这也至少能说明,法学院的毕业生在一定程度上并没有能够很好地满足职业市场的需求。另外,学界关于"法学教育与法律职业"研究的文章可以说是汗牛充栋,尽管论证的角度各异,但这些文章都在不同程度上揭示了法学教育"理论与实践的脱节"的现状及"法学教育未能很好地培养学生的法律职业素质"的问题。

在造成这种脱节的种种原因中,历史原因是主要的,即自新中国成立以来至国家统一司法考试制度实施前,公检法这些典型的法律实务部门并不严格以具有正规的法学教育作为任职条件,同时,正规的法学教育也并不完全以法律职业需要的人才作为明确的培养目标,而且法学教育的内容和方法等各个方面也没有很好地贯彻法律职业的基本要求。当时的这种"法律职业与法学教育之间长期以来缺乏制度联系,导致了法学教育走上自我办学、自我完善、自我发展和自成一体的发展道路,遂使中国法学教育追求学科化、知识化和学院化现象成为主流",这四种所谓的"自我"实质上体现出法学教育一定程度上处于与法律职业及市场隔离的状态,法学这种"经世致用之学"并没有发挥出其"经世致用"的作用,而是被自我封闭了起来。法学教育被"隔离"和"封闭"的情形显然在国家统一司法考试及《中华人民共和国法官法》《中华人民共和国检察官法》的修订之后得到了极大的改变,即通过法律确立了法学教育与法律职业任职资格之间的联系。不过,立法的修订表明我们从制度上改变了法学教育与法律职业脱节的历史,同时也意味着法学教育在新的历史条件下被赋予了新的使命,即培养法律职业人。

从现实的层面来看,这种在学科化、知识化和学院化氛围中的法学教育能够顺利地承担起这种新的使命吗?这是值得思考的。长期以来形成的法学院的师资、教学方法及管理模式并不会因为一次的立法修改就能够立刻得到改变,但无论如何,这种改变却是必要的,而且更重要的是,自20世纪90年代以来,这种改变就已经在发生,只不过国家统一司法考试和规范法官、检察官、律师的任职资格更进一步地促进了这种改变,并将在未来相当长的一段时期内引领中国法学教育的改革。

综合归纳国内外学者对法律职业技能及相关问题的阐述,针对法学教育的对象（未来的法官、检察官和律师等法律角色），我们认为以下几种技能在法律职业中的地位最为突出。

一是解决问题的技能。解决纷争、化解社会矛盾是法律职业的核心任务，而完成这一任务的过程实质上就是用法律解决社会问题的过程。对于法律职业来说，要出色地解决涉法性问题，圆满地完成法律职业任务，首要的条件是具有解决问题的技能，如对问题的识别、判断、抉择，对对策的寻找，确定最佳的选择，以及最后的实施等技能。换句话说，法律职业者只有具备解决问题的能力，才能确保涉法问题得到及时、合理的解决。

二是独立判断及调查事实的能力。这里所讲的判断和调查事实的能力主要是指判断、调查证据的能力，即表现为在特定的案件中确定证据收集的方向、收集证据的性质和种类、收集证据的技巧和对证据收集过程中出现问题的判断和解决的技能等。独立判断和调查事实的能力是法律职业者的基本能力，是法律思维能力发挥作用的基础。检察官和律师不具备良好的证据调查和判断能力，就不可能在司法程序中确立自己的有利地位，在审判中也会因为不能形成正确的标准而影响对案件的公正裁决。

三是法律表达能力。所谓法律表达能力是指法律职业者以口头的或书面的形式与他人进行交流，表达自己对特定事实或问题的认识和看法的能力。法律问题的解决离不开法律表达这种外在的形式，以下以诉讼中的查清事实为例进行说明。查清事实即调查收集证据、证明案件真实情况的过程，其实就是通过口头的方式和书面的方式与他人进行交流，表达自己对案件看法和意见的过程。法官在庭审中以口头表达的形式组织诉讼过程，以书面表达的形式阐述其对案件解决的最终意见。对检察官和律师来说，口头和书面的表达亦是其职业活动的重要形式，检察官的指控、律师的辩护既含有口头上的唇枪舌剑，又有文字上的对抗。因此，法律表达能力是法律职业对法律职业者技能的要求之一。

（二）形成法律思维

1. 法律思维的概念

（1）思维

"思维"一词用英语表达为"thinking"，指的是一种主观精神活动，并非指一种结果状态，即思想、观念、意见、概念等。哲学家亚里士多德（Aristotle）说，思维有两种基本形式，即"沉思"和"审慎"。前一种思维的成功可以使人获得正确的"结论"，后一种思维的成功可以使人做出正确的决策。我们可以将

"沉思"称为认知理性,而将"审慎"称之为实践理性,我们的日常思维正是由这两种相互作用的理性构成的。思维是人脑发挥作用的产物,是人类在劳动协作和语言交往的社会实践中产生发展起来的,它以语言、符号与形象为载体来抽象反映事物本质和规律性的复杂的生理与心理活动。鉴于此,思维作为一种主观精神活动,不仅包括客观理性的思维活动,还包括一些带有情感倾向的非理性思维活动。思维是多门学科的研究对象,而且在各领域的研究成果上相互渗透。

因此,从不同的视角看,就有不同类型的思维。依据形式性质的不同,可分为形象思维和抽象思维;依据哲学性质的不同,可分为素朴的辩证思维、形而上学的思维和辩证思维;依据结构的不同,可分为直观性思维、想象性思维和逻辑性思维;依据对象的不同,可分为政治思维、经济思维、道德思维、法律思维等。不管怎么看,各种思维都有其合理性和一定的价值意义。用不同的思维方式看待同一事物,得出的结论必然不同,其原因在于各种思维方式都有各自的立足点,例如,政治思维方式注重以政治立场、观点和方法来处理问题;经济思维方式注重以寻求利益最大化为目标来处理问题;道德思维方式注重以道德伦理的善恶评价来处理问题;而法律思维则注重以合法性为判断标准来处理问题。

(2)法律思维

关于法律思维的概念目前尚未形成统一的认识,各方意见大致可归纳为以下几类。

一是从心理学的角度来探讨法律思维。高慧嫦在《我国法治建设中的法律思维的形成》一文中认为:"法律思维是通过人的大脑(神经系统),对法律现象的反映、认识和思考。"这种定义将法律思维看作人脑的机能和法律事实相互联动的结果,认为法律思维只是人脑对客观的法律现象进行认识和思考的活动,而忽视了法律思维的价值取向以及运作过程,定义显得比较笼统,并没有说明法律思维的本质是什么。

二是以法律职业者为主体探讨法律思维。刘治斌在《法律思维:一种职业主义的视角》中认为:"所谓职业法律思维,是指运用法律基础理论、专业术语、专业逻辑分析、判断问题的认识过程。"这个定义将法律思维的主体限定为法律职业者,这对于我们探讨法律思维的形成有一定的意义,因为每一种思维都是在一种特定的文化环境中形成的。

我们也应该清楚,某种思维一旦形成便会成为一种独立的存在,反过来会影响我们的价值选择。如果仅以法律职业者为主体来定义法律思维的话,那会使人出现一种错觉,那就是法律思维是法律职业者的专属思维。

三是从法律思维方式和法律思维方法相结合的角度来探讨法律思维。谌洪果在《法律思维：一种思维方式上的探讨》中说道："法律思维，系指生活于法律的制度架构之下的人们对于法律的认识态度，以及从法律的立场出发，人们思考和认识社会的方式，还包括在这一过程中，人们运用法律解决问题的具体方法。"这一定义认为法律思维就是法律思维方式与法律思维方法的有机结合。据《新华汉语词典》的解释，"方式"一词含有方法与形式之意，依据这种理解，法律思维方式已经包含了法律思维方法，而在定义中又把两者结合起来，这样就使定义显得重复和矛盾。

四是从法治理念的角度来探讨法律思维。刘治斌在《法律思维：一种职业主义的视角》提到："所谓法律思维方式，也就是按照法律的逻辑（包括法律的规范、原则和精神）来观察、分析和解决社会问题的思维方式。"这种定义以法治理念为立足点，强调对合法性的分析，但这一定义只注重思维结果的价值取向，即思维结果的合法性，却忽视了对整个思维过程的分析，即没有阐明这个合法的思维结果是如何产生的。不同的人有不同的法律思维，不仅法律职业人与非法律职业人的法律思维有所不同，而且法律职业人之间的法律思维也是有差别的。法律思维有两种典型的理论模型，即实质主义和形式主义，两种法律思维体现了两种截然不同的思维习惯和思维价值取向。

综上所述，对于法律思维的界定，我们要基于法律思维的立足点——法治理念，既要考虑这种思维过程中所应用的相关法律方法，又要考虑这种思维所希望得到的结论。据此，笔者认为法律思维可定义为，法律思维是人们在认识和处理社会问题时，依据法律（包括法律规范、原则和精神等），通过应用法律解释、法律推理和法律论证等法律方法得出合法性结论的思维过程。

2. 法律思维的特征

（1）法律性

根据法律进行思维是法律思维的首要特点。前面我们在对法律思维进行界定时，认为法律思维包括"关于法律的思维"和"根据法律的思维"，"关于法律的思维"确定法律人思维的立场及思维展开的方向，"根据法律的思维"才是以解决问题为趋向的法律思维的重要内容。法律思维不是一种发散性思维，不像道德思维或政治思维那样对问题做开放式的思考，而是首先根据法律进行思考。这是因为，根据法律进行思考是法治的基本要求。

法治，即依据规则治理。这里的规则通常是指由权威机关事先颁布的一般性规范，人们根据这种一般性规范安排自己的行为，国家机关依据这种规范制止不法行为、裁断当事人之间的纠纷。可以说，所有的行为都被纳入法律规范之下并以法律规范来加以衡量。这是因为相较于其他社会规范来说，法律是非人格化的，其所具有的普遍性特征使得社会主体能够被平等对待、一视同仁，从而减少因人格化的命令所导致的武断和偏见，这样未来才具有可计算性和可预期性，而这也是现代社会普遍趋向于规则治理的一个重要原因。按规则办事，根据规则对行为进行评判是法治社会的基本特征。

因此，法律人在思考和解决法律问题时必须首先从法律出发，依据法律的评价来确定行为的性质合法还是不合法，而不是依据人格化的道德观念和道德信念来思考问题。例如，在为了追击劫匪而导致劫匪一死一伤的张德军案中，从道德角度评判，张德军的行为是见义勇为，应当受到称赞和表彰，但是我们不能只从道德的角度来评判，从法律角度观之，张德军的行为必须一分为二，其可以见义勇为追击劫匪，但是其行为的实施必须控制在法律所容许的限度内。展开来说，对于那些超出法律限度的行为，其并不会因为目的的正义性而天然地具有合法性，其行为合法与否必须由法律来进行评判。那种大多数民众所认为的"见义勇为无罪论"的观点不是一种法律思维，而是一种在"报复正义"思想浸淫下的非理性态度。作为理性的命令，法律是法治社会中处理人类事务最重要的判断标准。因此，在对问题进行思考时，法律人必须受到现有法律规范的约束，根据既有的法律规定来看待问题。只有在法律没有规定的时候或者虽然有规定但是有多个法律规定而且彼此又有冲突的时候才会向外寻求解决的办法。因为在分权理论下，正义问题是立法者的事情，法官所要做的不过就是将法通过应用转变为现实生活中的法。

整个法律体系一般由实体规则和程序规则构成，其较之其他社会控制手段具有更强的可操作性。法律思维是将社会现象或社会问题纳入法律框架内来解决的一种思维过程，在将社会现象或社会问题纳入法律框架的同时，就已经将与解决问题无关或者有碍问题解决的那些事项过滤掉了，以降低问题解决的复杂程度并且避免由于在深度问题上难以达成一致意见而引发旷日持久的争议。例如，甲为购房向其堂兄乙借钱，乙由于手头拮据便问朋友丙说明原委后问丙是否有闲置资金，丙同意借款1万元，约定了一定的利息，乙向丙打了借条，内容为：今借丙人民币现金壹万元，利息陆佰元，壹年后一次还本付息。一年后，丙向乙催要借款，然而乙以甲未还钱为由，不履行对丙的债务。如果该事件交由法院处理的话，根据法律思维，法官仅仅会根据借条来明确乙、丙之间的权利、义务，而至于乙借钱的原因（帮助甲买房）、其未及时归还借款的原因（甲由于患病导致收入减少未能向乙还钱）及更多与案件有关的细节（如果乙是因为自己买房向丙借钱，丙就不会收取利息，但乙是为甲向丙借钱，于是丙才约定了利息）等都会被法官当作无效事实而剔除在外，因为法官只关心那些具有法律意义的事实，而与法律意义无关的那些事实（尽管其对当事人来说可能意义重大）都不是法官所要考虑的事项。由此可见，法律思维具有简化思维的作用，其通过赋予事实以法律意义进而将复杂问题简单化。

此外，由于法律往往是以清晰明确的规则出现的，法律思维就是按标准来论问题，而对于问题背后的诸多道德、政策的争议存而不论，通过规则斩断与案件有关联的那些争论不休的道德和政治难题的羁绊，迅速地平息纷争、恢复原有的社会秩序。最后，根据法律进行思维也是使得法律结论具有法律约束力的保障。法律问题不同于数学问题，在很多情况下，其不具有结论的唯一性。如果不想使得结论的效力仅仅依据赤裸裸的权力，就需要将决定法律结论的理由追溯至一个权威性的依据上。在现代社会，制定法就是法律权威性依据的渊源，根据制定法进行思维构成了判决正当性的依据，也因此使得法律判决具有了权威性。尽管支持法律内容的理由可能是道德的、政策的或是其他习惯的，但是在根据法律进行思维时，不需要思维主体做出溢出法律本身的其他思考，而应当是仅仅根据法律来思考，这也是形式化法治的要求。当然，在法律决定的过程中，也并不必然对法律之外的那些因素一概不予考虑，毕竟法律规则的基础包含着那些道德的、政策的或经济的理由，但是那些道德的、政策的以及经济的理由并不直接进入法律决定的过程，而是通过形成"法律原则"的方式进入案件中的。那些道德的、政策的以及经济的理由要想成为法律原则，就必须能够对根据承认标准确认的有效法律规则给予解释或证明，唯有如此，这些原则才能够通过法律的检验，才构成法律依据或理由。也就是说，在进行法律思维时，即使考虑道德、政策或经济的因素，也必须是在根据法律的基础上来思考，而不是抛开法律来思考。

（2）中立性

法律作为社会公平、正义的维护者这一职业特征，要求以解决社会纠纷和冲突为己任的法律工作者必须恪守中立性立场。这种中立的具体内容为情感的中立和价值判断的中立。所谓情感的中立是指对社会纠纷和冲突的双方去除主观上的好恶和心理上的偏差。所谓价值判断的中立是指对两个不同的价值主张或权利主张，并不先定地肯定其中一方而否定另一方，应当得出何种结论完全取决于其是否具有法律上的依据和有何种法律依据。只有恪守中立性立场，法律工作者才能切实做到对法律的无条件服从和对对象分析或证据采信的客观公正性。这种情感的中立和价值判断的中立，要求法律人在思维立场上树立"法律权威意识"。这种"法律权威意识"包括如下几层内涵。

首先，法律至上意识。法律对于法律人而言具有至高无上的威严，它不仅是他们判断一切个人、社会团体与国家机关的行为合法与否的行为准则，也是他们评价一切个人、社会团体与国家机关的行为的价值标准。

其次，法律至圣意识。在法律人看来，法律具有神圣不可侵犯的地位，任何个人或组织的任何违反法律的行为都应当承担相应的法律责任。

再次，法律至贵意识。在法律人看来，法律是不可替代、至关重要的社会控制手段，是维系现代社会正常运作的纽带。在现代社会中，法律相对于其他社会控制手段，如道德、宗教等而言具有更为重要的作用。

最后，法律至信意识。在法律人看来，法律人对法律要有真诚的信仰。法律是人类理性的升华，是人类文明的结晶。尽管任何具体的法律制度都不可避免地具有一定缺陷，但法律本身代表着正义与公平。

（3）缜密性

法律人在面对案件时，需要处理两方面的问题，即事实问题和法律问题。在处理事实问题时，法律人必须将案件事实转换为法律事实，即赋予案件事实以法律意义。当然，在这一过程中，在确定法律事实之前必须确定案件事实，而对案件事实的查明则必须依赖于证据，对于那些没有证据支持的主张即便在客观上确实发生过也不能作为案件事实来对待。也就是说，案件事实不同于客观事实，是由相关证据支持的事实，在确定案件事实的过程中，法律人必须谨遵证据规则。一般来说，证据可以分为直接证据和间接证据，直接证据是指能够以直接而非推理的方式证明案情的证据，例如，张三所持的借条就可以作为李四向张三借款的直接证据；而间接证据是指不能直接而只能用推理的方式来证明案情的证据。

在只有间接证据证明的案件中，各个间接证据必须真实可靠，不存在矛盾，彼此之间能够相互佐证，并且能够形成完整的证据链，这样才能够确定案件事实，否则就会由于证据瑕疵导致事实认定的困难。例如，在辛普森案件中，由于没有直接证据，检察官只能使用警方搜集的血迹、手套、袜子和血液化验结果等间接证据来指控辛普森，所以这是一个非常典型的"旁证案件"。在美国的司法体制中，仅仅依赖间接证据就把被告定罪判刑绝非易事。这是因为，仅凭个别的间接证据通常不能准确无误地推断被告人有罪，必须有一系列间接证据相互证明，构成严密的逻辑体系，才能准确地证实案情。而在该案中，检方所出示的这些证据

13

却破绽百出，难以自圆其说。最终，由于这些间接证据无法证明辛普森的谋杀事实，辛普森被无罪开释。然而在很多人看来，这场"世纪审判"是对美国司法制度的莫大嘲弄和讽刺。其实这种看法反映了日常思维与法律思维的差异。日常思维具有模糊性、经验性、情感性和形象性等特征，它往往对事物的性质和状态做不精确的断定，而缺乏精致的逻辑分析。

在日常思维的支配下，很多人认为占有欲和嫉妒心使辛普森产生谋杀的动机，进而实施谋杀的行为。然而法律思维强调推理的严密性和不矛盾性，对于日常的经验判断保持警惕的态度，在谋杀动机和谋杀行为之间必须建立起强有力的逻辑联系，才能够证明辛普森犯了谋杀罪。这说明，在事实认定的过程中，仅仅凭借经验和直观感受来确定事实是没有说服力的，事实确定必须对证据进行缜密的推理。在处理法律问题时，同样需要法律人缜密的推理。

研究表明，在法律人思考、解决法律问题时，灵感也会不断地在法官头脑中闪现，直觉也会引导法官的思维走向，但是对于通过灵感、直觉获得的结论，法律人都需要通过严密的推理将之理性化，哲学思维中的顿悟是不符合法律思维的。演绎推理在法律思维中的应用是法律思维缜密性的最突出表现。作为一种普遍在科学思维中使用的方法，三段论推理构成了法律思维的逻辑基础。如果想要使结论有效则必须保证结论的获得是从前提得出的，从前提到结论的推理过程必须是符合逻辑的，不允许有任何的跳跃。

因此，尽管不同的人由于所使用的法律方法不同，其所获得的法律推理的大前提也会有所不同，但是所有推论都会导向一个三段论推理，这确保了法律结论的有效性。自奥利弗·温德尔·霍姆斯（Oliver Wendell Holmes）在对哈佛大学法学院前院长兰德尔（Langdell）《论合同法》的书评中提出"法律的生命不是逻辑而是经验"的命题之后，反逻辑的思潮就在整个法学界弥漫。然而，即使是霍姆斯本人也认为在多数案件中主要还是形式逻辑支配法律人的思维，只不过形式逻辑并不能解决司法过程中的全部问题而已。这是因为形式逻辑虽然能够保证结论的有效性和必然性，但是并不能决定结论的真理性。是在大、小前提为真的情况下，结论才可能是真。在法律推理中，大前提的真理性并不能依靠逻辑来获得，但这并不表明逻辑规则在处理大前提的过程中是无用的。大前提的确定往往依赖于法官对法律规定的选择和解释，但如果想使这种选择和解释令人信服，法律人就必须进行论证。法律论证如果想要使人接受，就必须符合逻辑思考的规范。

（4）自成一体性

法律思维因其主体人群的特定性、强调运用法律知识和法的技术专业性及法的内在精神的专业化，形成了它自成一体的特性，但法学终究是一门社会学科，法律职业者（或者称法律人）在熟练运用法律思维的同时应当结合各门社会学科，不应仅仅停留在法条的复读或是"自动售货机"的阶段，而是应当联系社会热点、结合社会实际，留意我国的政治制度设计这一土壤，从而更好地运用法律思维这一方法服务于社会，以达到一个更好的社会效果。而这一点，指出来相当容易，要做到却并不那么简单，要时刻给予重视。

（5）确定性

确定性是法律所追求的基本理想，也是法律的内在价值。在法学家朗 L. 富勒（L. L. Lon Luvois Fuller）所提出的法律内在道德的八个条件中，法律的"明确性"位列其中。只有确定性的法律才能产生可预测性，使人们能够根据法律规划自己的未来生活。虽然后现代法学宣告了法律确定性的破产，但我们认为，后现代法学的宣告有些危言耸听。如果任何事情都是不确定的，那么人类生活就不可能继续。而现在人类社会仍然存在，人类交往仍然无时无刻不在发生，就说明确定性是我们生活的常态，而不确定性仅仅是生活中的变态。

后现代法学家无疑将不确定性夸大了，法律思维是追求确定性的思维，首先表现在法律结论的明确上。针对具体的案件可能会有多个法律规范可适用，也可能没有具体的法律规范来适用，或者法律规范的解释有多种，总之，有关案件的解决方案可能会有多种，但是法官不能在"公说公有理，婆说婆有理"之间来回摇摆，而是必须进行决断，并且决断不应是模棱两可、含混不清的，而应当是确定的。也就是说，从内在视角来观察，由于法律判断的过程无法摆脱价值评价，因此法律结论呈现出多元性的特征；但是从外在视角视之，法律人尤其法官必须给出"唯一正确"答案。

其次，获得法律结论的过程也表现为法律人对确定性的追求。虽然确定性是法律的常态，但是我们也应当承认确实存在法律不确定性的情况，这是由于人类理性不足和生活事实多样所导致的并且无法避免的事实。这种不确定性的不可避免并不意味着不能克服，理性本身决定了人类不可能任由非理性来统治法律不确定性的疆域。就此，法律论证理论和程序性的商谈理论提供了解决问题的出路。就论证理论来讲，任何对于确定规则的偏离都会被施加论证义务，而且偏离得越远施加的论证义务就会越大。例如，任何对偏离规则字面含义的其他解释结果，解释者都应当给出这种解释压倒字面解释的理由；再如，在规则缺位或规则冲突需要法律原则作为法律规则失效的补救措施的场合，由于法律原则本身与道德的特殊勾连关系而使得其较法律规则来说具有较大的不确定性。退一步讲，即使由于原则内容的过于宽泛和模糊导致最终结果的不确定性,建立在理性对话基础上的商谈理论仍然能够对法律结果确定性的获得助益良多。

法律的商谈理论旨在通过程序性的民主协商和论辩为实体价值不易认清、无法达成一致的情况提供解决方案,即在无法获得当事人实体上的一致意见的时候,通过当事人都同意的结论导出程序获得最终的结果,而且即使当事人对这个结果仍然存在异议,但由于结论导出程序是建立在双方认可的基础之上的,尽管考虑到价值多元和道德分歧的事实,在当事人之间仍能够通过程序获得一个确定性的结论。这种程序的贡献就在于当事人能够通过一种纯程序性的民主协商和论辩来表达他们的愿望和需要,主张他们的利益。更重要的是按照"同样情况同样对待、不同情况不同对待"去澄清和解决有争议的标准和准则。

(三)法学教育为法律思维保驾护航

1. 法学教育为思维能力提供知识基础

"思维之心只能富于知识之体"这一公认的信条表明了知识与思维能力的关系。自从正规教育形式产生以来,尽管人们对于教育功能的看法不尽相同,但对教育功能发挥途径的认识是基本一致的:知识授受是教育功能发挥的主要途径。思维能力的形成和发展离不开知识的掌握和运用。从法律思维能力的形成来看,观察力是人们进行法律思维活动时首先要具备的能力。法律是社会秩序规则的性质决定了涉法问题的复杂性和多样性。人们要在这复杂、多样的涉法问题中敏锐地发现法律事实,厘清法律关系,就必须具有一种敏锐的观察、发现问题的能力。这种能力的形成是以法律专业知识为基础的。

归纳、概括法律命题的能力实质上是对实际问题和法律理论进行抽象、概括的能力。例如,在司法实践中,法律职业者要全面把握案件的真实情况,首先就必须对证明案件的种种证据材料进行思维加工,即抽象、概括,进而才能对复杂的案件进行归纳总结,并做出准确的判断。显然,这种抽象、概括能力是以显性的规范知识和隐性的原理知识为支撑的。法律推理的过程是在概念的基础上建立命题,在命题的基础上进行推理。法律中所运用的推理过程,在很大程度上是以含有各种专门性质的概念的规则与原则为基础的。法律概念是由有别于日常用语的专门术语构成的,这些专门术语本身亦是法律知识的一部分,只有具备法律知识的人才能深刻领悟法律概念的内涵并对其做出准确的解释,从而建立法律命题。

表达能力是思维能力的外在表现形式,它包括书面表达和口头表达两个方面。无论是书面表达还是口头表达,其高水平的表达能力也是建立在扎实、丰富的知识功底基础之上的。法学教育对学生创新性的要求不同于自然科学对学生创新性的要求。法学教育中对学生创新能力的要求主要表现在法学院传授给学生的一切中，最重要的就是一种直感：什么是在传授这种教育之际许可的法律辩论的外部界限。所谓像律师那样思考并不是指特殊分析能力的运用，而是大致意识到法律边缘地带有多少可塑性，以及论辩中支持或反对法律改变时允许采取的行动。这些东西既非方法也不是学理，而是一种对可接受的诸多论点的存储，以及一种对学理稳定性的程度和特性的直感，或更一般地说，是一种对法律职业文化之总体轮廓的直感。法学教育中对学生的这种"直感"的培养其实就是一种法律创新能力的培养。创新能力培养也是以法律知识的传授为依托的，创新能力就是主体具有从人类知识库中发现不同知识之间的共性与联系，从而确立某一创造前提的能力，以及具有使混沌状态的知识整合为有序体系的能力。总之，法律知识是法律思维能力的基础，离开知识这一基础，法律思维能力就不可能形成。法学教育在传递知识的同时亦为法律思维能力的形成奠定了坚实的基础。

2. 法学教育为思维能力训练提供理性空间

法律思维能力应是一种具有广阔性、深刻性、独立性、逻辑性和敏捷性的思维能力。这种思维能力的形成有赖于法学教育所提供的理性空间。主要包括师生之间、学生之间平等沟通与对话的空间，学术熏陶空间和相同思维能力发展的空间。

平等沟通与对话空间。平等沟通与对话空间是指在法学教学的过程中，主体之间的教与学的活动是一种地位完全平等的知识对话，即师生之间、学生之间在地位平等前提下进行知识沟通与交流。

学术熏陶空间。学术研究是高等教育的重要功能之一。法学教育作为高等教育的一个分支系统，亦具有法学的学术研究功能。这种学术功能自法学教育产生时起就已见萌芽，时至今日，法学院已是生产法律理论和知识的主要场所。法学教育的学术功能已成为推进法学学科发展的重要力量。法学教育所蕴含的学术氛围为学生法律思维能力的形成提供了丰厚的精神沃土。一方面表现在法学研究中的新视角、新方法、新理念和新范式是学生的创新能力养成的精神力量。法学研究中对于法律理论问题的成功解决，亦有助于提高学生综合思维能力的广泛性、深刻性，思维的独立性、思维的逻辑性和思维的敏捷性。另一方面，法学研究对法学知识的更新深化，为学生用前沿理论知识来构筑知识结构的大厦奠定了基础。

相同思维能力发展的空间。法律职业一体化离不开相同思维能力的维系。每个思想者共同体都必须有一定程度的同质性，这就像为了辨别象棋步法是不是合规矩，我们就必须知道象棋规则一样。法学教育为思维能力发展提供了相似的发展空间，相似的有组织的学习空间，相似的知识资料储存空间——图书馆、资料室，同吃同住的相似的生活空间等，这一切为新生法律人法律思维能力的训练提供了平等的客观条件。

三、法学教育的人文性价值

法学家孙晓楼认为法律人才一定要有法律学问，才可以认识并且改善法律；一定要有社会的常识，才可以合于时宜地运用法律；一定要有法律的道德，才有资格来执行法律。仅仅了解法律知识，断不能算作法律人才；一定要于法律学问之外，再具有高尚的法律道德，因为一个人的人格或道德若是不好，那么他的学问或技术越高，越会损害社会。学法律的人若是没有人格或道德，那么他对法学越精，就越会玩弄法律，作奸犯科。可见，培育学生的法律职业道德修养，以及正确驾驭知识的态度和能力是法学教育应有的人文性价值。

（一）法律职业道德内涵辨析

法律职业道德也被称作法律职业伦理，想要把握其本质，首先要了解有关法律职业的概念。法律职业是社会生活众多职业中的一种。职业是这样一种信念，即这是一个有公共意义的工作岗位，从事这一工作要求有非常高的专业甚至是深奥的知识，这种知识只有通过专门的正式教育或某种精细监管的学徒制的培养才能获得。必须强调，一种工作之所以被分类为职业，其关键并不在于其实际拥有社会珍视的专门知识，而在于要有一种确信，即某些群体拥有这样的知识。因为，正是这种确信才使这个群体可以声称其职业性地位，并有机会获得因这种地位赋予的独占性的权力及由此带来的个人利益。

尽管对法律职业的内涵和外延说法不一，但一般意义上，认为法律职业是以处理法律事务并以实现法律价值作为共同终极目标的一类人的活动所构成的职业。主要指法官、检察官和律师这种依托深厚法律知识背景居于法律实施核心而独立存在的职业。法律职业道德是指法官、检察官、律师等法律职业人员在其职务活动与社会生活中所应遵循的行为规范的总和，是职业道德在法律专业领域的具体体现。法律职业道德是社会伦理体系的重要组成部分，是社会道德在法律职业领域的具体体现和升华。法学家哈罗德·J.伯尔曼（Harold J. Berman）在《法律与革命》中将法律职业道德的传承作为法律职业共同体的一个重要特征。

从广义的角度而言，可以将法律职业道德分解为两个层面，一个层面是法律职业道德规范，也有人将其称为法律职业伦理，它反映了法律职业伦理关系的规范性要求，具有客观性、社会性；另一个层面是法律职业者个体的道德品性，它是伦理规范内化为个体的道德选择、道德品性，是人遵循为人之道所引起的收获、体验，具有主观性和个体性。法律职业道德规范是在法律职业活动中形成的，反映法律职业伦理关系并规制法律职业共同体的道德准则。法律职业准则是与法律活动的职业化相伴而生的。任何职业因其是人们长期所从事的具有专门业务和特定职责的社会活动，有着独特的职业责任和职业纪律，因此形成了特殊的道德准则和规范。法律职业道德从内部维护着法律职业的良好地位与尊严。世界大多数国家都将这种职业伦理关系以明文道德准则的形式体现出来，有人将其称为"道德制度性约束"。例如，美国1887年《亚拉巴马律师法典》、1969年美国律师协会制定的《律师职业道德准则》和美国律师协会通过的《律师职业责任法典》等。我国近几年也陆续出台了类似的伦理规范要求，2001年的《中华人民共和国法官职业道德基本准则》就是其中之一。

法律职业者个体的道德品性是在履行其职责的活动中对法律职业道德准则的内化和遵循，集中表现为个人的观念情操和品质境界。当代的伦理学一般把道德品质概括为知识、意志和行为的统一体。具体来说，是由道德认识、道德情感、道德意志、道德信念和道德行为五个方面构成的。道德认识主要指人们对个人同社会和他人的关系以及对一定社会用以调解这种关系的理论、原则和规范的了解和掌握；道德情感是人们基于一定的道德认识，对现实生活中的道德关系和道德行为所产生的倾慕或鄙夷、爱好或憎恶等情绪态度；道德意志是人们在履行道德义务过程中，克服困难、障碍而做行为抉择的努力和坚持精神；道德信念是人们对于某种人生观、道德理想和行为原则的正义性深刻而有根据的笃信，以及由此而产生的对某种道德义务的强烈责任感；道德行为是道德品质的外部状态，表现为道德语言、道德行动和道德习惯。法律职业道德也主要体现为一种个人的道德选择和道德品性。

（二）法律职业道德对法律职业的重要意义

1. 有助于学生认识法律职业道德

通过设置法律职业道德课程，传授法律职业伦理知识，可以使学生认识法律职业道德之于法律职业的重要意义，深刻领悟法律职业道德对法律职业维护的重要性；法律职业的维护除需要专业化的知识、独特的法律技能、共同的法律思维方式即所谓的"技术理性"之外，更离不开法律职业道德。这是因为：首先，法律职业目标的实现依赖于法律职业道德的保障。法律职业以执行国家法律、解决社会纠纷、维护社会秩序为目标，人们将法律职业看作维护社会正义、保障公民权利的最后一道防线。法律职业道德是法律正义特别是司法正义实现的重要保障。法律职业者的司法活动是理性与经验有机结合的过程。以法官的判决为例，一方面法官适用法律的过程是理性的过程，即根据理性的法律做出理性的决断；另一方面，法官适用法律又不可能不受到自身的性格、情绪、意志、经历等非理性因素的影响。对法官的主观任意性规制主要靠外在的、他律的道德准则和内在的、自律的道德品性。法律职业道德准则作为一种外在的制约机制，是法律约束机制的补充，构成了法律职业的道德底线；法律职业道德品性作为内在的约束机制是法律职业的最高道德要求。法律职业内在的道德修养是实现司法正义的一种无形的力量。外在的道德约束只有转化为人的内心信念，才能引导、调节、控制和激励法律职业活动，使之沿着公正的目标迈进。其次，法律职业道德是维系法律职业良好社会地位的有效保证。在法治化的社会里，法律职业应是一个享有很高社会地位的精英团体，应拥有较高的社会公信度并获得广泛的社会尊重，而这在很大程度上取决于社会对法律职业的道德评价。法学家理查德·艾伦·波斯纳（Richard Allen Posner）在揭示律师、医生等职业的神秘性时所指出的保持职业性神秘的方法，亦说明了法律职业道德是维系法律职业良好社会地位不可或缺的力量。波斯纳认为职业神秘化方法之一是培养有魅力的人格，无论外表、个性或个人背景都要给人这样的印象。法律执业者常常标榜自己很少利己、专门利人，并且试图掩盖自己受金钱驱动的程度，以便支撑下面的说法，即他们之所以被吸引到这一职业中来，是因为可以有机会追求一种天职，智力上会获得丰厚回报，或能满足为他人服务之欲望，从而可以强化魅力型人格。毋庸置疑，无论律师还是法官，在法律活动促进法律家集团形成之前，其内部就已经酝酿着一种职业的荣辱感，进而发展为一种传承后世的法律家职业道德，它从集团内部维系着这个团体的成员以及团体的社会地位和声誉。再次，法律职业道德是实现法律职业自治的主要途径之一。法律职业所承载的定纷止争、守护社会正义的职责决定了它必然是一个自主自立的职业群体，它通过各种手段和途径实现自我管理。其中，法律职业道德是最重要的手段。法律职业自治是一种道德意义上的自治，它要为社会所允诺，就必须以造福于社会为前提，而不能是反社会、反道德的结党营私、党同伐异。因此，形成法律职业，意味着其组织要自主地为从业者制定专门的伦理法典，并通过非正式的同行压力，通过限制进入职业组织和审查、处分甚至清除那些严重违反职业道德准则的人，维护和实现职业自治。

2. 有助于学生掌握法律职业伦理知识体系

通过设置法律职业道德课程，传授法律职业伦理知识，可以使学生掌握法律职业伦理知识体系。华东师范大学法学院院长张志铭将这一知识体系具体分解为四个方面。第一，对道德评价的认知：善的存在。法律职业道德评价是存在于法律职业者的职业活动中的评价。道德教育就是要使人们在辨认法律职业道德评价独特性的基础上，认识到自己的行为所应承担的道德责任。第二，对道德准则的认知：善的含义。道德上的善具体表现是为社会所承认和遵从的一整套道德准则。不了解这些道德准则，就不能把握道德上的善的具体含义。因此，法学教育将法律职业道德教育准则作为传授的重要内容之一。第三，对道德根据的认知：善的理由。道德教育在道德根据认知方面的任务在于为分析各种道德论点提供工具。第四，对道德冲突和道德理论的认知：善的实现。道德实现的关键在于解决道德冲突。道德冲突实际上就是不同道德理由的冲突。要解决道德冲突就需要将不同的道德理由整合为连贯一致的形态，形成道德理论。

因此，道德教育在道德冲突认知方面的任务就是要借助道德理论为解决道德冲突提供经验和各种选择方案。学生对法律职业伦理知识的掌握是实现对学生道德品格教育的前提。学生只有了解法律职业道德准则，并把握法律职业活动的是非评价标准，才可能将其转化为内心的信念，并落实在行动上。

四、法学教育的终极性价值

法治的精神意蕴在于人对法的神圣信仰。这种信仰是法治社会最坚固的支持系统。因此，法学教育对法治的最根本的、最直接的贡献就是对法治的中坚力量——法律人法律信仰的培育。法学教育的知识传递、法学教育的整合与创新、法律思维方式、培育法律职业道德等的最终目的在于使学生树立牢固的法律信仰。法学教育培育法律信仰其实质就是在知识、技能、思维和道德全面培养的前提下而达到的一种理想的综合状态——法治人格的建立和健全。

（一）法律信仰的概念

1. 信仰

对于什么是信仰，不同的学者有不同的理解，其主要代表性的观点择其要者列举如下。

第一种观点认为，信仰是人们对某种事务坚定不移的确信，对某种理论体系的笃信、对某种观点主张的坚信、对某种主义极度地相信或者说对某个人或者某种事物的深信或尊重。此信仰所要表达的是信仰主体对信仰对象所具有的一种态度，这种态度体现为信仰主体要做什么事情的时候，总是把信仰对象当作某种存在的事实，或者说认为所信仰的对象是真实存在的。

第二种观点认为，信仰是指以信仰主体的认识、理解、思考、决断或辨别是非、利害关系以及控制自己行为能力不足为前提，足以保证所信仰对象的真实存在或者所信仰命题真实的情况下，对给予所信仰的对象一种同意的态度，或者对所信仰的对象予以接受的一种心理定式。这种信仰显然是信仰主体内心自我反省所产生的现象，或者说是人们的一种智力的判断，抑或是人们对内心所持有的某种特殊感觉的一种肯定性接受。相较于第一种观点，此种信仰的理解更加宽泛，人们的主观偏见、主观推测、意见主张等都可以作为信仰的一种形式，同时，此种信仰将知识视为信仰的高级形态。

第三种观点认为，信仰是人类终极性的价值追求。这种意义上的信仰，是从人的终极价值论出发的，具体从如下几个方面强调：首先，信仰主体对所信仰的对象极度地信服与尊重，它是指信仰主体对所信仰对象如某种观点主张、价值理想寄予浓厚的精神关注和关怀。此信仰侧重于信仰主体对信仰对象的眷恋，强调了人的精神关怀。其次，信仰是指生活于一定的社会文化条件下的特定信仰群体或个体，基于共同的价值目标、共同的价值期待，共同分享某种价值理想或者共同选择某种价值承诺。此信仰是从价值论的角度出发，将信仰看作特定信仰主体的最高价值追求。最后，信仰可以归纳为个人的人生信仰以及社会的理想信仰，它涉及整个核心价值观念，集中体现为人的世界观、人生观以及价值观。此信仰将其看成一种根本性的价值观，并对其做出了区分。

第四种观点认为，信仰是人们做某件事情的动力来源，它可以消除人们在行动过程中的迟疑不决，平息人们在思考过程中怀疑的焦躁，它能够被人们的内心所察觉，亦是在人的本性中形成的一种习惯。

第五种观点认为，从人的本能论研究出发，信仰是人的一种本能，是人的头脑的健康活动，是人与生俱来的。只要有人的存在，就一定会有信仰的存在，显然它是与人类的存在密不可分的。

第六种观点认为，从人对上帝的终极关切论研究出发，信仰是人的一种终极关怀形态，它是信仰主体对上帝所要求的、所应许的一种关切状态，这种状态决定人们整个精神生活状态的整体性和系统性。

第七种观点认为，从人的个性论研究出发，人是具有个性特征的，因而人的信仰就具有多种表达的形式。每个人都有他们各自不同的信仰，信仰依据所处历史时代的不同而不同，人的信仰并不是保持永恒不变的，永远是基于人对当下的认识而产生的。

第八种观点认为，信仰所要表达的是人的一种心理状态。无论一个命题是否被判为真实还是不真实，都对该命题予以肯定和接受。

综观上述对"信仰"的界定，我们可以得知，正是由于学者的不同视角、不同的理论学科背景导致了对"信仰"概念界定的不同。通过分析拥护"法律信仰"命题的文献可以知道，学者并没有对"信仰"一词进行明确界定。从最广泛的意义上讲，学者是将"信仰"的内涵定义在第八种学说基础上的，亦即无论"法律信仰"命题是否真实，学者都对该命题予以肯定和接受的一种心理状态。

2. 法律信仰

如果说信仰是人类社会存在的普遍而永恒的现象的话，那么孕育于法治时代的信仰必将是法律信仰。法治社会不仅需要一套反映社会关系及其发展规律的制度体系，更离不开法治精神的支撑与滋养，这种精神便是人对法律神圣性的终极信仰。自法律渐次取代其他规则而成为社会秩序维护的主要规则以后，法律信仰便从其他信仰中分离出来而成为一种与宗教信仰、政治信仰等可比的独立信仰。

法律信仰意味着法律是拴系人们心理的"结实木桩"。人类社会在其漫长的发展过程中，始终面临着自然界外在压力和人为动乱等种种苦难，为了摆脱苦难、摆脱生命无常、漂泊不定的心态，人们便不断寻求心灵的慰藉，寻找拴系心理安定的"木桩"。历史上的图腾信仰、神灵信仰、真理信仰等都曾是人们祈求的对象。

在当代，人们的信仰对象亦具有多层面性特征，宗教、政治、道德、学说、精英人物等都可成为人们信仰的对象，但是不同时代人们信仰对象的侧重点是不同的。在人类的蒙昧时代，图腾是人们信仰的主要对象；在人类近人文明的初期，宗教成为人们消解苦难的精神寄托，成为人们普遍的信仰对象；近代以来，随着科学技术与工业革命的飞速发展，虚无的神灵信仰的统治地位逐渐被真理信仰替代。在当代，无论是在已然的法治社会，还是法治建构中的社会，法律已经或正在成为这一时期人们信仰的主要对象。

法治时代的法律信仰也意味着主体对信仰对象的由衷信赖和自觉追求。主体的法律信仰表现为主体对法律信赖的心态，而相信是信仰心态的核心。相信是一种主体的判断态度，是从有机体的生理和心理状态中升华、抽象出来的一种对待认识和观念的态度。从根本上说，法律信仰是关于法律最高秩序规则最核心观念的信仰。法律信仰是由许多信念诸如法律至上、权利保护、权力制约等所组成的内在体系，而这一信念体系的构成是以某一特定的信念即最高信念为统领或核心的。法律至上是组成法律信仰信念体系的核心信念，也是法治精神的最高体现。法律至上信念意味着主体信奉法律是社会秩序维护的核心规则，因而当法律规则与其他规则发生冲突时，当权力的运作与法律运行相悖时法律优位。

法律信仰中的这一核心信念统领其他法律信念，并使其他信念根据与最高信念的关系而被确定在一定的信念位阶上，从而形成一个有序的信念体系。主体的法律信仰还表现在主体的信仰行为方面。信仰并不全然是主体的内在观念，它最终通过主体的信仰行为追求而体现出来。所以信仰行为亦是信仰生活的一部分，是体现和检验信仰的外在表现。人在社会生活中的行为是受主观信念支配的，人一旦确立某种信念后，必然促使其采取某种行动，以实现信仰所确立的目标。因此，人的信仰既可以通过行为表现出来，也可以通过行为来检验其是否树立牢固的信仰。另外，信仰行为也是强化信仰的一种手段。信仰境界的体验往往通过某种行为的追求才能实现，经常采取某种信仰行为并形成固定的行为方式可以使人产生神圣感，进而使其信仰得到强化。

（二）法律信仰的实质

从社会人的形成角度来看，信仰是构成现实的人的基本人格的一部分。因为信仰是一个人的基本态度，是渗透在他全部体验中的性格特性，信仰能使人更好地面对现实并依靠信仰而生活。很难想象信仰首先不是相信某些东西，但如果把信仰看作一种内心的态度，那么信仰的特定对象就是第二位重要的事了。因此，法律信仰是浸润于人，特别是法律人全部生活中的对法律神圣性的一种性格特性和一种稳定的形态。

法律信仰是统摄法律人素质诸要素的无形纽带。法律人之所以区别于其他专业人员，根本的原因在于其内涵素质的独特性。唯有信仰才能使知识、技能、思维、道德等这些素质要素形成有机的统一体，进而成为法律人特有的精神气质。因为法律信仰为法律人提供了一个将各种法律认识统一起来的法律观，接受法律信仰就意味着接受了一种对"法律世界"的完整性的说明。"法律世界"无外乎涵盖对象性的法律客观世界和主体性的法律主观世界，前者涉及的是法律作为人认识对象的客观存在，后者则是人自身对法律认识的主观存在。法律信仰是建立在法律客观存在与主观存在相统一基础之上的，即法律科学是主体对法的一种心悦诚服的认同感。因此，接受了法律信仰就将人对法律的认识，对主体自身的体验（认知、情感、意志）统一起来，使主体形成明确的和稳定的法律观。

法律信仰为法律人提供了一个判断行为善恶的最高标准，从而将各种零散的信念和价值观统一起来，形成一个有序的价值观念体系，成为规范法律人一切行为的基本框架。在社会生活中，一个人往往形成或接受各种信念和价值观，这些价值观在人们的内心零散地或矛盾地存在着，使人的行为无所适从。法律信仰的作用就是将这些零散的信念和价值观在不同的层次上组织起来，成为一个有序的价值系统，确保法律人行为的自觉性、一贯性和一致性。

法律信仰是法律人团结、凝聚的精神纽带。法律信仰是法律人之间进行精神和心灵沟通的渠道，它可以将法律人联结起来，形成以共同理想和信念为纽带的法律共同体。法律信仰为法律人提供了共同的理想和信念。有了共同的理想和信念，法律人就有了共同的价值目标和价值取向，有了共同的理想信念，法律人就有了获得基于共同的知识和原理而形成的共同的思维方式和技能；有了共同的理想信念，法律人也因此而能够自觉地共同遵守职业纪律。这些方面结合起来就是一种巨大的凝聚力，它是法律人为法治事业奋斗的力量源泉。

法律人的法律信仰是法治最坚固的支持系统。法治大厦的支撑力量来自两个方面：一是硬件支持系统即法律制度，二是软件支持系统即法治精神。硬件系统是法治大厦的骨架，软件系统是大厦的血肉和灵魂，二者之于法治无疑居于不可或缺的地位，但恰恰是法治的精神条件即法治的软件系统非常深刻地反映了法治的内在意蕴、精神气质与性格。法治的这种精神气质又是整个社会的精神、情感和意识的反映和表达，而构成整个社会的精神、情感和意识的无疑是那些生活于社会之中的、全体社会成员公认的、普遍的、共同的精神、情感和意识。法律人的法律信仰是法治精神的集中体现，也是法治最坚固的支持系统。

（三）法律信仰的意义

1.法律信仰是建设法治社会的精神内核

法律信仰是以人为本的。人生的最高境界是诗意的栖居，而法律是人诗意地栖居在这个世界上的一种形式。尽管法律看上去冷酷和烦琐，远不是那么有诗意和美感，但事实上，正是法律使人生的真善美、社会的秩序与变革、公平、自由、正义与权威、社会的整合与冲突，形成了良好的协调和统一，使得社会保持稳定良好的运行状态。虔诚地投身于这种法律生活不正是一种诗意的生活吗？信仰法律就是力图相信法律不是人的社会生活的枷锁，而是提升人生境界和达到社会均衡的助手。信仰法律能够使人获得一个新的心灵家园。

法律信仰代表着人们对法律终极意义的追求，是人们对于生活基本样式的肯定。法律是沟通精神世界和物质世界、个人与社会的媒介，而法律信仰是沟通法律与心灵、事实与价值、法律与社会的媒介。因而，这种神圣的体验不仅是个人的，也是群体的；是世俗的，也是神圣的；是理性的，也是激情的。正如哲学家格奥尔格·威廉·弗里德里希·黑格尔（Georg Wilhelm Friedrich Hegel）所认为的：一个有文化的民族竟没有形而上学——就像一座庙，其他各方面的都装饰得富丽堂皇，却没有至圣的神那样。法律信仰是法治的内在构成要素之一，是其精神内核。实质上，信仰不是依附在法律之上的可有可无的一纸空文，而是法的内在要素之一，是构成法的心理和社会基础的要素。法律信仰是法律的内在品格，信仰之于法具有内在性。仅仅由强制力来维护和支撑的法律是不是真正的法，历来是有争议的。

心理学的研究早已证明，对法律公平与正义的信任、对法律的归属感、对法律的尊崇和信服，这些因素对于遵守规则的影响力远远大于单纯的强制力。法律固然不能没有强制力来保障，但仅仅有强制力来保障实施的法律并不能直接产生法的合法性。对法律的信仰让人们感觉到自己有义务服从法律的统治，让人们亲自参与到关于法律合法性的建构之中来。法律要成为良法，要成为有效的法，必须有相应的民情、民意、民生作为基础，这是法律效力的心理依据和社会依据之一。法律信仰恰恰表明人民群众认可法律的形式的合法性，是人民遵照自己亲身体验法律产生情感而对法律亲近。法律信仰构成了法律合法性的基础。可以说，法律信仰结合了法律作为规则体系的逻辑品格和作为意义体系的伦理品格与德性力量，法律信仰把二者统一在一起；也就是说，法律信仰参与构成了法律的合法性的逻辑、心理、社会和道德合法性的根基。另外，法律信仰还有助于法律自身的生成和发展，为法律的发展从自身角度开辟了良性发展的道路。虽说法律信仰是理性的信仰，但法律信仰中不可避免地有着理想性的成分，它搭起了法律现实与法律理想之间的一座桥，蕴含着人们对于理想生活境界亘古不变的憧憬和追求。如果去除信仰中的盲从与狂热，法律信仰就是促使法律不断完善、走向接近法律的应然理想状态的全部动力。可以说，法律信仰蕴含着对现实的法律制度获得重生的信仰。

2. 法律信仰对法治社会形成的社会实践意义

法律信仰并不是现代兴起的产物，在古希腊罗马时期就有了法律信仰的雏形，而后西方的各种发扬法律自由公平与正义的精神文化建设将其定形，例如，12世纪中叶的罗马法复兴运动以及后来的人文主义者、自然法学派和启蒙思想家的进一步继承和发展罗马法基本精神的运动。应该说,在这段漫长的历史时期,不论是古希腊罗马时期的多位法学家,还是西方的那些人文主义者、自然法学家和启蒙思想家,都致力于培养社会公众对法律的崇高情感,即重视"信仰"的权威,重视对法律信仰的培养。纵观古希腊、罗马和西方国家的法治历史,可以看出,培养国家公众的法律信仰对于国家的法治化是非常重要的。一个民族的复兴是涉及经济、政治、军事、文化等多方面的系统工程,仅仅重视发展经济,片面追求经济利益最大化,忽视文化建设导致文化水平低,欠缺民族精神,这样的民族走上富强的道路会是异常艰难的。在漫长的历史进程中,封建专制主义占据统治地位,特别是封建社会末期专制主义的恶性发展使中国传统文化沉积了不少糟粕,阻碍了中国走向法治的进程。改革开放后,经过多年的不断向西方学习和发展,当代中国政治、经济和社会状况发生了巨大变化,取得了飞跃式的成就,但这些成就仍不足以消除两千多年传统封建文化根深蒂固的影响。培养社会公众的法律信仰能有效地促成我国法治精神的形成,从而确立依法治国的方略。目前,我国正大力建设社会主义法治,一方面需要自己不断摸索和创新,另一方面需要从其他法治国家借鉴经验和吸取教训。古希腊、罗马和西方对法律的崇高追求和敬仰以及法律信仰之理念是值得我国借鉴的,这对于我国法治国家的构筑是大有益处的。

  人类对宗教的信仰源于对现实生死苦难的迷惘和无助,于是到宗教构建的现实世界之外的世界中寻求解脱和慰藉。对法律的信仰则来源于人们在世俗生活中的经验,例如,在商品交换中产生的诚实守信的契约精神,经历血腥复仇与战争的伤痛后自然产生的对社会救济和有序安定生活的向往等。可见,法律信仰其实体现了人类对自身价值的不断追求与完善以及对自身生活的无比关怀,即希望能够过得更好。人类的法律信仰是一个发展着的历程,经历了习惯法信仰、宗教法信仰和世俗法信仰这漫长的发展,法律信仰对社会进步、国家振兴、人格完善的积极作用逐渐得到肯定,法律信仰的崇高地位得到了明确,法律的精神及其蕴藏着的公平、正义、自由、真、善、美等人类的最高价值为法律信仰提供了精神底蕴。人权性构成了法律信仰的价值基础、利益性构成了法律信仰的物质基础、平等性构成了法律信仰的司法基础,法律只有同时具备这三种内在的崇高品格,才能够表达出法律的内在精神从而让法律成为被公民尊崇和信服进而信仰的对象。然而,在具体社会发展过程中法律如何被公众信仰是值得仔细思考、认真寻觅和重点探究的。

第三节　中国法学教育的发展历程

一、中国古代的法学教育

（一）清朝以前的法学教育

中国古代并无现代意义上的法学教育，但在春秋战国时代，存在某种程度上的法律教育。郑国子产执政时期，邓析办私学，传播法律知识。根据《吕氏春秋》记载，邓析"与民之有狱者约，大狱一衣，小狱襦袴。民之献衣，褚袴而学讼者，不可胜数"。秦统一六国后，为控制人们思想，统治者下令严禁私学，刚刚发端的法律教育就这样被扼杀了。直至汉代，奉行"罢黜百家，独尊儒术"的方针，确立了儒学两千多年的统治地位，同时律学亦出现了儒家化的模式。另外，律学的教育起源于秦统一后的法律教育。西汉以后，无论是太学，还是国子监，它们虽然也能在一定程度上起到律学教育的作用，但它们首先却是儒学的教育机构，也就是说律学教育是依附于儒学教育的。即使北宋初年的国子监设有律学馆，但馆内并无律学教师。直至明清封建法制进一步变化后，律学教育在国家默许下产生了比较特殊的教育形式——幕学，即刑名幕友之学。这是一种无公开教材，仅凭私刻秘本、经验传授与个人自修相结合的法律学习，成为官学的补充。

由此可见，就整体而言，中国古代的律学教育，无论是私学还是官学都得到一定程度的发展，但也受到相当的限制。中国律学教育的非独立性还表现在律学教育的目的、教学方法、教学内容和师资方面。自汉代儒学的意识形态化以后，中国就进入了皇权专制的"王道"社会。"仁"和"礼"作为儒学的两个核心概念，已经预设了社会秩序的范式。这种社会运转模式决定了中国古代不可能产生独立的律学教育。首先，在教育内容上，律学教育严重依附于以"四书五经"为主要内容的儒学教育，并无自己独立的体系。封建法典也是儒家价值观念支配下的产物。中国古代的法令仅仅是作为礼治的辅助手段而要求官吏掌握的，律学教育实际上是对官吏这一特定职业的人进行的政务培训。其次，教育方法基本上限定在边实践边学习的个别教育之上，律学知识的获得更多的是依据经验的积累。这就使得某些机构既承担实际的判案断狱的职能，又肩负着律学教育的功能，如隋唐时期的大理寺即为典型。

（二）清末时期的法学教育

中国的近代教育始于1862年开办的京师同文馆。1869年，该校邀请传教士丁韪良（William Alexander Parsons Martin）讲授《万国公法》，从而开创了中国近代法学教育的先河。此后，为适应洋务外交的需要，清政府兴办了多所新式学堂，也开设了宪法、民律、刑律、国际公法等课程。在经历甲午战争和戊戌变法后，1902年，清廷命沈家本、伍廷芳为修订法律大臣，设修订法律馆，开始翻译欧美各国法律，并拟订中国之刑律、民商律、诉讼律、审判编制法等新型法律。与此同时，清政府派人出国留学（仅1906年就派出37名）学习法政，引进外国法律，翻译出版外国法政等社会科学书籍，此外，清政府还设法政专门学校，在公、私立大学普遍设立法律科（系）。1902年，袁世凯从八国联军手中接收天津后，重振学务，重建因战争而停办多年的中西学堂，并将其改名为北洋大学堂，设法律、矿学、土木工程三科，同时附设师范科。法律科的教师仅2人，学生仅32人，课程主要开设国文国史、英文（兼习法文或德文）、西史、生理、天文、大清律要义、中国近世外交史、宪法史、宪法、法律总义、法律原理学、罗马法律史、合同律例、刑法、交涉法、罗马法、商法、损伤赔偿法、田产法、成案比较、船法、诉讼法则、约章及交涉法参考、理财学、兵学、兵操等。1917年，北洋大学堂法科归并北京大学。1902年，山西巡抚岑春煊筹办山西大学堂。该校学科分为五门：文学、法律学、格致学、工程学和医学。法律学内分政治、财政、交涉、公法等。教师仅12人，教授法律的仅有一名英国人，课程偏重欧美法律，仅设罗马法、契约法、法理、名学、英文等。京师大学堂是清廷1898年设置的最完整的一所大学，1902年重建，分大学院、专门分科、预备科三级，附设仕学馆、师范馆。专门分科内列政治科一科。政治科下分政治学和法律学两门。预备科分政艺两门，政科设有法学科目。该校曾于1902年10月和11月招收两批仕学馆速成科类学生，设置法律学、交涉学、掌故学等法学课程。其中，掌故学讲授：国朝典章制度大略、现今会典则例、现行政事利弊得失。交涉学讲授：公法、约章使命交涉史、通商传教。法律学讲授：刑法总论分论、刑事诉讼法、民事诉讼法、法制史、罗马法、日本法、英吉利法、德意志法。此外，行政法、国法、民法、商法列入政治学。速成科学制三年，1906年第一批学生毕业。大学堂专门分科，学制四年，由预科和各省高等学堂毕业生升入。分科于1910年正式开学，法政科设本国教员3人、英文正教员1人、副教员1人，法文正教员1人、副教员1人。分科的法律课程有法律原理学、大清律例要义、中国历代刑法考、中国古今历代法制考、东西各国法制比较、各国宪法、各国民法及民事诉讼法、各国刑法及刑事诉讼法、各国商法、交涉法、泰西各国法。补助课程有各国行政机关学、全国人民财用学、国家财政学。

二、新中国成立前的法学教育

（一）南京临时政府时期社会环境

1912年，中华民国成立标志着中国两千多年封建帝制统治的土崩瓦解，民主共和国家的诞生实现了国家政治制度的革新，开启了中国近代革命的新纪元，给中国政治、经济、文化教育等带来崭新变革。中华民国成立以后，南京临时政府积极效仿西方政治制度，推行民主共和制度，开展民主选举，组建资产阶级议会和国会，选举中华民国临时大总统，由大总统组成内阁，任命各部、军政长官，形成了新型的国家管理机构。《中华民国临时约法》肯定了民主共和，否定了封建专制，并制定了一系列具有改革性质的条例法规，指引我国向现代化国家方向发展，也由此给中国政治提供许多新的设计模式，例如，"三权分立体制""南京临时参议院""国会""议会选举""代议制"，直到后来的《天坛宪法草案》《中华民国临时约法》等新制度粉墨登场。虽然民主共和制体现了中国资产阶级的整体利益，但也使得民众的政治地位得到了根本性的转变，民众权益得到了维护。民众可以通过各种渠道表达自我的政治意见和主张，参与政治活动。民众参政形式有政治选举、政治投票、参加政党和政治表达等。民众的参政热情空前高涨。虽然南京临时政府存在时间较短，许多政策未能付诸实践，但其所草创的法制国家的政体格局，已经初步地构建了现代国家雏形，为后来的国家建制提供了有益的借鉴。南京临时政府在沿用晚清部分经济制度和律令的基础上，对中国经济进行改革与创新发展。南京临时政府建立后，仿照西方国家的经济制度和管理机构，建立了财政部、农工商部等专门的政府机构。1913年7月13日临时大总统令宣布，凡是清朝时期出台的"保护兴业各法令"，如果对于民国国体没有抵触，仍然可以适用。这保证了工商经济发展的连续性。民国初年还沿用清朝的《钦定大清商律》与《公司律》，接着又制定了《公司保息条例》《商人通例》《矿业注册条例》《公司注册规则》《矿业条例》《商会法》等。工商经济管理初步走上法制化轨道。在金融方面，民国初年，沿用《清度支部奏准银行通行则例》《清度支部奏准银行注册章程》等清代金融法规。1912年1月28日，经孙中山批准，原大清银行改组为中国银行，参议院决议通过《中国银行则例》，中国银行作为中央银行的职能开始运行，后又逐渐发展，中国银行基本上成为商业银行。后又颁布《交通银行则例》，成立了交通银行，交通银行也具有国家银行的性质。国家银行的确立对于金融和工商业的发展具有促进作用。民国初期，又实行了减免税的政策，而且对特殊领域减免税的幅度还很大，这样减轻了民族工商业的负担，刺激了实业经济的发展。民国初期，采取的工商经济政策顺应了中国发展实业的潮流，资本主义经济获得了迅猛发展。随着1905年科举制的废除，中国传统的旧教育在形式上崩溃了。辛亥革命以摧枯拉朽之力推翻了清王朝的专制统治，以孙中山为临时大总统的临时政府，本着"尽扫专制之流毒，确定共和，以达革命之宗旨"之精神，在共和肇创、百业待兴之时，以教育先行，大力推动教育文化事业的改革。蔡元培被任命为南京临时政府第一任教育总长。1912年2月，蔡元培提出《对于新教育之意见》，4月发表《对于教育方针之意见》，后又作了《对教育宗旨案之说明》，力倡"五育并举"（军国民教育、实利主义教育、公民道德教育、世界观教育与美感教育），注重人的全面和谐发展。1912年9月2日，国民政府教育部颁布新的教育宗旨，即"注重道德教育，以实利教育、军国民教育辅之，更以美感教育完成其道德"。在确立国民教育宗旨的同时，南京临时政府以"教育为立国之本，振兴之道"，从有利于中国资本主义政治、经济发展的实际出发，开始革除一系列封建遗俗旧规，推行一大批适应民族工商业发展需求的教育改革法令和振兴教育的举措，例如，发布教育改革令。"凡各种教科书，务合乎共和民国宗旨""符合自由平等之精神"，以及"清学部颁行之教科书一律禁用"的规定，具有鲜明的反封建精神。规定"初等小学校可以男女同校""小学读经科一律废止"，加强中学文史不分科等内容。制定壬子癸丑学制及各类学校的课程标准。该学制将教育分为普通教育、师范教育、实业教育三个系统，小学、中学、大学的整个教育期限为17年或18年。然而，由于民国肇创，根基未固，民国初年教育难免存在缺陷，还保留着许多封建积习，加上政局紊乱，致使不少基层地方教育陷于停滞。

（二）民国初期教育部对法政学校的整顿

专门的法政教育发轫于清末设立的京师法律学堂，由修律大臣沈家本、伍廷芳奏请、经清政府批准而建。之后的京师法政学堂在清政府的要求和号召下成为各地法政学堂的效仿对象。教学层次上设二年预科、三年正科，预科之后升入正科，正科分法律和政治两门，此外还设学习三年的别科和一年半的讲习科。别科的入学门槛比较低，甚至可以说不需要任何资格，因为这是为不具有中学程度者直接学习法政而设立的，质量显然难以保障。而这种别科的设置存在于绝大多数的法政学堂里。法政学堂于清末在全国各地迅速兴起，民国初年规模迅速壮大。教育家黄炎培曾在《教育前途危险之现象》一文中对这一现象有所描述："旧尝授业之生徒，求为介绍入学校，入何校？则法政学校也。报章募集生徒之广告，则十七八法政学校也。行政机关呈请立案之公文，则十七八法政学校也。"

1912年10月22日教育部颁行《专门学校令》，规定法政专门学校作为专门学校中的一种，允许私立专门学校的设立。同年11月颁行《法政专门学校规程》，规定了预科一年、本科三年的修业年限，学生须先入预科，毕业之后才能入本科学习，本科设法律科、政治科、经济科，同时也确认了私立法政专门学校的合法性。民国初年新法令的施行，实际上是取消了清末法政学堂中别科的设置，但是由于清末的法政学堂大多在预科、正科之外还设有别科，有的法政学堂甚至只设有别科，新法令的施行便使得这些学校不符合规定了。基于当时对法政人才的现实需求，教育部又于1912年10月25日公布了《暂准法政专门学校设立别科令》。然而当时法政学校泛滥，各地法政专门学校无论是否具有合格的学生或相当的教员，纷纷设立法政专门学校，添设别科，收录的新生动辄数百。这些学校中一些创办者基于营利目的，就学者则将其作为入仕途径，学校的教学质量和学生的学习质量都令人担忧。于是教育部便于1913年10月18日发布《限制法政学校招考别科生令》，令各省法政专门学校立即停止招考别科生。民国初年法政学校存在一定程度的混乱，尤其是私立法政学校，其中一些学校不具备办学资格，没有足够的办学资金，缺少相关的教学设施，缺乏资历合格的教员。这种学校多以学费作为财政来源，实为营业性质；教学配套设置不足，敷衍办学；教员资格不够，缺席现象严重；学生素质较低，较难有高的学习质量。总体而言办学状况不尽人意。面对这种局面，当时的教育部不得不进行整顿，取缔了多所私立法政学校，以提高办学质量，使法学教学有序化。同时，一切公私立的法政专门学校也从1929年起停止招生，因为教育部认为法科直接关系人命，间接影响社会生存，只有大学和独立学院才可以设置法科，而专科学校不可以。至此法政专门学校正式退出法学教育的历史舞台。经过整顿，1916年法政学校已经比1912年减少了一半，学生数量也相应地减少了，但是法政学校与学生的数量仍然远高于同期其他学科，法政教育在整个高等教育中仍然是一枝独秀。到1926年，全国公立、私立的法政专门学校只剩下国立北京法政大学、江苏法政大学、山东公立法政专门学校、湖北公立法政专门学校等25所，学生数量也随之锐减。

法学教育机构是法律教育的物质载体，也是法律人才培养活动正常进行的基本保障。在1927—1949年这段时期，法学教育机构衰减，不仅仅表现为数量的减少，还有课程设置等诸多方面的退步。国民政府教育部颁布了一系列限制法学教育机构发展的规定，因此虽然文、商、教三科变化不大，但法科招生则呈锐减趋势，法学院校也逐渐减少，或被取缔，或被合并，法学院校与其他类别院校相比之下减少的最根本原因是同当时社会经济发展的需要密切相关的，社会动荡不安，需要迅速恢复经济，而恢复经济需要职业教育的支持。国民政府在1930年召开第二次全国教育会议，决议建议政府重视职业教育，对普通教育与职业教育划定相应比例，限制普通教育机构的发展而尽量增设职业教育机构。政府显然非常重视这一建议，1931年4月，教育部通令全国限制开设普通中学、增办职业学校，并在普通中学内开设职业班或职业科。1931年5月，国民政府发布《确定教育设施趋向案》，规定要尽量多办职业学校和各种职业补习学校，所授科目、内容要富有弹性，以适应当地经济发展状况，并特别奖励私人开办职业学校。1931年8月，教育部通令各省发展职业教育，规定从当年起，应多开办高、初级农、工科职业学校，各县立中学逐步改组为职业学校或农村师范学校；已有各中学一律增设职业班或开设职业教育科；劝令与督促各私人申请办学者改办农、工科职业学校，法学院校发展自此较之工、农、医等职业院校相比逐渐步入衰落期。

国民政府时期，国家开始重视实用科学，忽视法学教育，法学教育逐渐走向衰落，主要体现在法学院校数量上面，此时期法学院校数目的增长速率处于停滞或缓慢发展的阶段。国民政府教育部于1932年发布《改革大学文法等科设置办法》中要求：现有文法等科办理不善者，限令停业招生或取消立案，分年结束嗣后除边远省份准设文法科外，一律暂不新设。这导致了法学教育机构急剧减少，也制约了法学教育的进一步发展。国民政府时期，对法学教育机构的裁并一定程度上遏制了法学教育机构乱设的局面，但同时也使法学教育兴旺发展的势头归于沉寂，导致法学教育在1927—1949年这段时间内整体趋向于衰落的态势。

（三）法学教育师资的规定

教育的好坏，除了教育的宗旨和培养的目标方法外，关键在于教师。教师的减少，自然会影响到教育的好坏及知识的传播。在国民政府时期，从事法学教育的教师数量减少，这是与当时国民政府所颁布的相关政策法规相关联的。教师数量的减少必然导致法学教育普及性不强，也注定了这个时期法学教育的衰落。国民政府时期，对于教师的限制趋严，详细规定了教师的等级、资格、审查聘任办法，并颁布教育行政人员考试条例等。此举尽管提高了教师队伍的整体素质，但是却因此使法学教育的门槛较高，从事法学教育事业的人员减少，对法学教育的普及起了一定的消极作用。

关于大学教师资格，早在1927年教育行政委员会就曾颁布《大学教员资格条例》，分别规定了助教、讲师、副教授、教授的资格。助教须国外大学毕业，得有学士学位，而又相当成绩者；讲师须国内外大学毕业，得有硕士学位而又相当成绩者，或助教完满一年以上之教务，而又特别成绩者，或讲师一年以上之教务，而又特别成绩者，或于国学上有贡献者；副教授须外国大学研究员研究若干年，得有博士学位，而又相当成绩者，或于国学上有特殊之贡献者；教授须副教授完满二年以上之教务，而有特别成绩者。《大学教员资格条例》还规定了教师资格审查办法：公立大学由大学评议会审查，中央教育行政机关派代表1人列席，审查合格，由中央教育行政机关认可，发给证书；私立大学审查合格之教员须经该大学呈请中央教育行政机关立案报由认可、给予证书，方为有效。另外，对大学教师资格审查的规定限制了教师的数量，阻碍了法学教育进一步的发展。重视大学教师资格审查是从1940年开始的。当时成立了学术审议委员会，并于1940年8月公布《大学及独立学院教员资格审查暂行规程》及其施行细则。学术审议委员会的任务之一就是审查专科以上学校教员的资格，各校所聘教员资格都需经此委员会审定之。

在《大学及独立学院教员资格审查暂行规程》中，详细地规定了各级教员的资格，例如，规定助教资格是须具备下列条件之一：国内外大学毕业得有学士学位而成绩优良者；专科学校或同等学校毕业，曾在学术机关研究或服务二年以上卓有成绩者；教授须具有下列资格之一：任副教授三年以上著有成绩、有重要之著作者；具有副教授资格第一款资格继续研究或执行专门职业四年以上，有创作或发明在学术上有重要贡献者。我们从规程中可以见到，教员升等的时限延长了，即使是有成绩者，从助教到教授也要有十年的时间，较1927年规定的四年时间要长得多，也严格得多。对教员资格的严格限制严格审查，一定程度上是法学教育前进路途上的绊脚石。这种严格的审查和限制，反映了当时国民政府对教育的控制和把持，而当时这种由国家政府所牢牢掌控的法学教育必然发展缓慢。国民政府时期，政府对学校任教人数的控制直接造成法学教育任职人员的减少，使法学教育缺乏传播的主体，间接导致了此段时期法学教育的衰落。大学及其独立学员人数的规定始见于1942年教育部颁发的《大学独立学员人数暂行标准》，该文件规定了大学及独立学院各学员专任教员，共同必修科专任教员及助教三种教员人数。各科系转任教员人数按各学系分析必修及选修各学分数暨实习或实验情形，按专任教员每周9~12小时授课时数订定大学及独立学院教员人数，《大学独立学员人数暂行标准》中规定大学各学院及独立学员共同必修国文、英文、数学、物理学、化学及生物等科专任教员人数规定标准为：每学科每班学生人数以 30~40 人为准，不足 30 人者得开设一班，40 人以上按上述标准增开班次；每学科每周达 9~12 小时者得聘专任教员一人，担任教学、改卷及指导实验；如某科每周不足 9 小时者得与有关学科合聘专任教员或兼任教员。

三、新中国成立后的法学教育

（一）新中国成立之初的法学教育

新中国成立之初的法学教育走的是法律统治路线，主要是在党的领导下，通过法制实现人民民主专政。这个时期一系列的法律被制定出来，如第一部《中华人民共和国宪法》和《中华人民共和国婚姻法》。同时一系列的重要原则如"以事实为依据，以法律为准绳"等得到确认，而且被实践检验是正确的。公检法开始按职能分工，各司其职。这些措施有力地促进了生产力的发展，巩固了人民民主专政的政权。

但是这种情况并没有一直坚持下去，之后的一段时期我国法学教育遭遇了一定的挫折。

（二）改革开放后的法学教育

改革开放后是中国法律发展和法律教育的黄金时期。从改革开放伊始我国制定了大量的法律，填补了法律空白。司法机关得到了恢复，法律工作开始展开，高等教育中的法律教育也重新走上正轨，律师作为一种职业开始出现，并且其规模迅速地扩大形成了独立的职业化的法律专业体系。"依法治国"被写进宪法，整个社会开始走上法治化的轨道。至此，可以说中国法律的春天终于到来了。

但同时随着法律发展完善和法学教育的不断深入，一系列的矛盾也暴露出来。首先是当以西方的"民主"和"人权"为价值基础的法律制度被移植到中国以后，这些原本被认为是人类文化结晶的东西在中国这块土地上确实难以生根和发芽，仅仅以物理意义上的一堆纸而存在。其次，时至今日，中国的教育系统中部分存在僵化的体制，法学教育受到了这种思维定式的影响。因材施教、培养学生独立思考的能力和走个性化发展的道路，只是作为一种美好的想法而没有被付诸实践。相反在实际教学中，没有很好地落实因材施教的原则，不利于人才的个性化发展。最后，我们忽视了法律职业者的业务素质。造成这种现象的原因在于，我们把法律职业者的政治标准与业务标准对立起来了，认为两者是非此即彼的关系。法律职业者必须具有高度的政治责任感和政治敏锐性，这是由法律职业的特征所决定的。法律职业者的政治观念和政治水平必须体现在其法律素质上，换言之，法律职业者的政治、政策水平根本上要体现在他的法律知识能力和职业伦理上，要能够通过法律的实施，贯彻相应的政策。

发达的市场经济、高度的民主政治和完备的法治是中国特色社会主义现代化建设的基本目标和要求。随着经济社会的发展和民主、法治的完备，随着国家工业化任务的逐步完成并向管理型社会发展，我国经济生活、政治生活和社会生活都将纳入法治轨道。没有法律教育的发展和大批高素质的法律人才，法治建设就是一句空话。法律教育的作用在于培养大批高素质的法律人才，但是要跟上时代进步的节奏，法学也要不断地更新和进步。百年大计，教育为本。法治的繁荣需要建立健全法学教育，培养大量高素质的法律人才，促进法律制度的完善、法律思想的丰富、法律工作的职业化，为我国的法治建设服务，使我国早日走上法治化的轨道，建立更好的现代民主社会。

第四节　法律人才的培养目标

一、法学学士培养目标

（一）法学本科教育的地位与意义

2005年教育部在《关于进一步加强高等学校本科教学工作的若干意见》中指出：高校要积极推动研究性教学，提高大学生的创新能力。2010年7月发布的《国家中长期教育改革和发展规划纲要（2010—2020年）》中更是明确提出：要深化教育教学改革，创新教育教学方法，探索多种培养方式，重学思结合；营造独立思考、自由探索的良好环境；要优化知识结构，丰富社会实践，强化能力培养，支持学生参与科学研究。这就要求我们将法学本科生的课程教学与提升学生的学术研究能力结合起来，培养出既有扎实法学功底又有较强学术研究能力的法学本科学生。

法学学士培养是通过法学本科教育来完成的。法学本科教育的培养对象一般是直接从高中升入大学的青年学生，年龄一般在18~22岁。其目标是让受教育者身心获得较高程度的发展，同时获得将来从事多种法律职业都应当具备的知识技能。因此，各类法学院校都把本科教育作为高等法学教育的基本和重心，努力提高法学本科教育的质量。本科教育质量的高低是衡量一个高校教育质量高低的重要标志，是高校综合实力的重要体现。

法学本科教育是职业教育、研究生教育和继续教育的基础，既是一般的高等通识教育，又是一种特殊的职业教育。因为按照各国一般做法，法学本科教育是通识教育而非专家教育，是素质教育而非就业教育，它培养的学生不一定直接从事法律工作，但接受法学本科教育却是从事一切法律工作的前提。如果没有受过大学法学本科教育，则无论如何不能做律师，更不能做法官。完成法学本科教育，仅仅是从事法律工作的基本资格，它使学生成为真正的有学养之士。此后，受教育者若要实现个人的利益需求，或谋求他所感兴趣的职业、专业领域，还必须进入职业教育或研究生教育。前者是普通型专家人才教育或从业教育，后者是研究型专家人才教育。

（二）法学本科培养目标的基本标准

对于高等学校本科生的培养目标，《中华人民共和国高等教育法》第 16 条第 2 款规定："本科教育应当使学生比较系统地掌握本学科、专业必需的基本理论、基本知识，掌握本专业必要的基本技能、方法和相关知识，具有从事本专业实际工作和研究工作的初步能力。"因此，法学本科教育的培养目标应该是，培养基础扎实专业面宽、心理素质高和适应能力强的能够从事与法律有关的实际工作和具有法学研究的初步能力的通用法律人才。

1. 法学本科生要有基础素质

对于一个法科大学生来说，具有良好的品格、文化修养、身心素质等基础素质，是成为各种法律人才、适应社会需要的前提。为此，应开设综合课程、边缘交叉课程、跨专业学科课程，如哲学、政治学、经济学、社会学和管理学等，加强和训练其文化修养、道德素质、科学素养、身心发展等基础素质。同时也要适当开设科学史、方法论课程，学习一定的自然科学知识，初步培养他们的科学精神、科学素养和科研方法，训练他们的创造性思维能力和习惯。

2. 法学本科生要有深厚的法学专业素质

法学本科生要有深厚的法学专业素质，为此法科学生应具有系统的法学知识和合理的知识结构。法科学生应该能够比较系统地掌握法学专业必需的基础理论、基本知识、基本技能和方法。具体地说就是在系统学习和掌握法学核心课的基础上，掌握外语、计算机使用技能，具有较强的文字写作能力，以便于从事相关工作。

本科阶段应该拓宽专业口径、淡化专业（方向）界限。直接影响人才知识素质的不只是知识的广博与否，更为重要的还是法律知识的结构。具有合理的知识结构是法律人才知识素质的重要内容。因为人才成绩大小不仅取决于其数量，而且取决于其知识的结构。一个知识并不渊博但知识结构合理的人，其创造力往往超过学识虽渊博但结构零乱者。所以，法律人才形成合理的知识结构便具有重要的意义。法律人才的知识结构与具体的法律职业关系密切。任何一种法律职业都不会仅仅是一门知识的运用，而是多种知识的综合应用，既然是多种知识的综合应用，那么自然就存在一个知识结构合理与否的问题。

一般来说，法律人才知识结构大体上包括以下五个方面的内容：①法律专业所需要的知识种类和范围；②每种知识的侧重点和新旧程度；③各种知识的搭配比例和联结的方式；④各种知识内部不同成分的分配；⑤各种知识的难易程度以及由此产生的时间的安排等。

3. 法学本科生要有较高的人文素质

法学教育也是一种人文教育。只有具有较高人文素质，才能促进人的个性全面和谐的发展，才能使人意识到自己的历史使命，并对人类社会进步和解决人类面临的困境具有的高度责任感，才能在市场经济条件下以其创造性劳动对社会做出自己的贡献。如果只注重专业知识和技术的传授，而忽视人的精神素养的培育，其结果只能是既不适应社会需要，也不能推进人类文明与文化的进步。

正如物理学家阿尔伯特·爱因斯坦（Albert Einstein）所认为的那样：用专业知识教育人是不够的，通过专业教育，他可能成为一种有用的机器，但是不能成为一个和谐发展的人。因此，人的人文素质是一种比专业知识更基本并且更值得我们重视的素质。

4. 法学本科生要具有较强的适应能力和操作能力

在注重传授知识的同时，更应该注意能力的培养。法学本科生经过一定职业培训将成为未来的法律工作者。他们中的绝大多数将工作在法律实践的第一线，如果他们仅仅拥有法学知识，而不具备运用这些知识服务于社会的能力，或者缺乏组织、运用知识的能力，这样的学生是书呆子，是不会受到社会欢迎的，是难以胜任法律工作需要的。况且，未来的社会分工多变，一个学生毕业之后不可能终生从事某一种工作或者在一个岗位上服务，这就要求学生有较强的适应性和应用能力。

法律人才既应有一般的技能，更要有特殊的技能，而且这种一般和特殊的技能又是多方面的，例如，智能方面有感觉、记忆、想象和思维能力等。在现实的法律活动中，各种能力是相互交织、相互作用的。

因而不同的法律职业要求具有不同方面的技能和能力的组合结构。概括地讲，法律人才所需的技能和能力结构具有三个层次：首先是基础能力和技能，它主要指心智技能和智力；其次是法律学科所需要的特殊能力和技能；最后是适应职业需要的综合能力和技能。

二、法学硕士的培养目标

（一）法学硕士教育的地位与意义

法学硕士是法学专业学位教育中位于法学学士和法学博士之间的一个层次，学习侧重坚实的理论研究，旨在为国家培养全方位的学术型人才。招生考试主要是每年年初的全国硕士研究生统一入学考试（简称"统考"），被录取后，获得研究生学籍，毕业时，若课程学习和论文答辩均符合学位条例的规定，可获毕业证书和学位证书。

研究生教育是高等教育的有机组成部分，是高等教育的最高层次。研究生教育是实现培养社会需要的专门高级人才的有效途径之一，它在高级专门人才的培养过程中占有重要的地位。随着知识经济的兴起、科教兴国战略的实施，研究生教育将会在高级人才培养方面发挥巨大的作用。研究生教育分为硕士研究生教育和博士研究生教育，它们是互相独立又互相衔接的两个层次。

硕士研究生教育在研究生教育中具有举足轻重的地位，它具有承上启下的作用。一方面，它是对高等教育中的本科教育的深化和升华，把本科教育提高到一个新的水平，即在本科教育的基础上，使受教育者获得扎实宽广的基础理论知识和较深厚的专业知识，更为重要的是培养受教育者从事科学研究的能力，提高受教育者的学术水平；与此同时，受教育者在个人思想品德、道德修养方面达到了较高的境界。另一方面，硕士研究生教育为开展博士研究生教育奠定了基础。硕士研究生教育的发展、教育质量的提高和教育规模的适度扩大，为博士研究生教育储备了充足的优质的生源。发展硕士研究生教育，有利于为社会提供各类高级的专门人才，充实国家科研技术队伍，增强国家的科技力量；有利于大力发展社会生产力；有利于国家培养更高级的科技人才。

（二）科学地制定硕士研究生的培养目标

法学硕士教育制度设置的初衷是为法律教育和科研机构培养学术型人才，它所预期的毕业生是学术法律人（Academic lawyers）而非实务法律人（Practicing lawyers）。从我国目前按二级学科设置专业招收和培养研究生也可以看出，法学硕士明显的理论教育指向，其目标是通过对本专业知识专而精的学习和研究，使研究生掌握基本原理、原则、理论和思维，更加强调学术性。

硕士研究生的培养目标是对硕士研究生在思想情操、道德品质、业务水平、科研能力和体质诸方面必须达到的教育指标的总体规定。研究生的培养活动要紧紧围绕培养目标来进行，所以，科学地确定硕士研究生培养目标，对于培养合格的研究生有着积极的重大的意义。在制定硕士研究生的培养目标时，要遵循以下原则并体现其精神。

首先，贯彻德、智、体全面发展的原则。在制定硕士研究生培养目标时，要明确规定研究生在政治思想、道德品质、个人情操和修养等方面的具体要求；对研究生的基础理论素养、专业知识广度和深度、科研能力、治学精神等业务素质要做出明确的规定；对研究生自觉锻炼身体、健康体魄、增强个人体质方面要做出明确的规定。

其次，体现面向世界、面向未来、面向现代化建设的精神。在制定硕士研究生培养目标时，要综合考虑我国现代化建设和社会经济发展的实际需要对研究生专业知识的要求；不仅要立足国内，而且应该与国际研究生教育接轨，促使我国研究生培养达到国际水平；既要考虑目前的实际需要状况，又不能把培养目标的时效确定得太短，一定要有超前的眼光，从长远着眼，为未来的发展打下基础。

最后，体现培养创新人才和重视素质教育的精神。在硕士研究生的培养目标中，不但要具有为符合硕士生合理的本专业要求的知识结构，还要面向社会实际需要。不能把专业划分得过细过窄，难以适应社会的灵活需求，要有意识地拓宽专业的培养口径，特别要重视硕士研究生创新能力的培养，即培养硕士研究生具有运用所学专业知识造福人类、造福社会的能力，能为社会创造出新的文明成果。与此同时，硕士研究生的素质教育同样是不可缺少的。硕士研究生的素质包括政治思想素质、个人心理素质、专业知识素质、身体素质和文化基础知识素质等方面。

（三）法学硕士培养目标的标准

在我国现阶段的法学教育体制中，硕士研究生分为法学硕士和法律硕士两类。在总的统一的培养目标之下，二者的具体培养目标有所不同。法学硕士研究生培养目标定位为，为我国社会主义现代化建设和民主法治建设，培养以理论研究为主宽口径，并能适应司法实际工作的复合型专门高级人才。具体要求有以下几点。

第一，拥护党的方针政策，具有坚定的政治理想和信念，具有坚强的意志和良好的心理素质，具有锐意开拓进取的精神和创造意识，立志为我国民主法治建设献身，为祖国为人民服务。

第二，具有扎实的法学基础理论知识和宽广的边缘学科知识，系统完整地掌握本专业的基础理论和专业知识。比较熟练地掌握一门外语，适应日常的涉外学术交流的需要，达到听、说、读、写自如的水平，能够借助外语开展初步比较法研究。

第三，具有较强的独立分析和解决问题的能力，具有从事科学研究的能力和创新的能力。

第四，具有从事教学、科研、立法、司法、执法、政权建设和社会活动方面的实际能力。

第五，身体健康，体质能够适应不同工作环境的要求。

法律硕士不同于法学硕士在培养目标上以致用、实务为指向。法律硕士学位的获得者应具备较坚实和系统的法学基础理论素养，掌握较宽广的法律实务知识，具有宽口径、复合型、外向型的知识与能力结构。能综合运用法律、经济、管理、科技、外语和计算机等方面的专业知识，独立地从事法律实务工作和有关管理工作。

三、法学博士的培养目标

（一）法学博士研究生教育的地位与意义

博士研究生教育是我国研究生教育中的最高层次，它承担着为国家培养最高级专门人才的重任。在我国实行科教兴国战略的征途中，博士研究生教育肩负着极其重要的任务，这是其他层次的教育不可与之比拟的，也是不可替代的。从国内外研究生教育发展的历史来看，博士研究生教育已经取得了巨大的成功，并且形成了日益成熟的博士生教育培养制度，为社会的全面进步做出了巨大的贡献。

20世纪80年代，我国开始法学博士教育，迄今为止已经培养了大批法学博士。在博士授予权上，由国务院学位委员会审批。在高等教育上，将博士学位置于学士、硕士学位之上，位于学位层级之顶。

展望21世纪，伴随着知识经济时代的到来，世界范围内科技发展的竞争将是异常激烈的，但归根到底将是人才的竞争和教育的竞争。选拔人才和培养人才则要通过教育来实现，特别是培养高精尖人才，则要靠博士研究生教育来实现。

因此，在21世纪，就应该把发展研究生教育特别是博士生教育摆到突出的重要的地位，给予高度的重视。

（二）法学博士研究生培养目标的制定

法学博士研究生培养目标的制定同法学硕士研究生培养目标的制定相比较，其制定的相同点是遵循的原则和体现的精神都是一致的。其差别有以下几点。

第一，起点不同。法学博士研究生的生源一般为已毕业的法学硕士研究生或已获得了法学硕士研究生的学位，其专业知识和学术水平已达到了较高的层次。制定博士生培养目标，要尊重这个事实，要站在这个基点上考虑制定博士研究生的具体培养目标问题。

第二，专业知识的厚度和深度不同。法学博士研究生须具有坚实宽广的基础理论知识和边缘学科的知识，具有深厚的专业知识，其知识层次要求最高。

第三，法学博士研究生应具有独立承担科研任务的能力。

对以上三点差别，要在制定法学博士研究生培养目标时予以高度重视。

（三）法学博士研究生培养目标的标准

根据以上所述博士研究生培养目标制定的原则精神和总体要求，法学博士研究生培养目标应定位为，为我国社会主义现代化建设和民主法治建设培养从事法学理论研究和高层次法律事务工作的高级专门人才。具体要求有以下几点：

第一，具有坚实宽广的法学基础理论和完整系统深入的专门知识，掌握本专业当前国内外理论研究的前沿和研究水平。通晓与本专业相关学科或专业的基本理论和知识。在听、说、读、写等方面熟练掌握第一外国语，熟练运用第一外国语从事国际学术交流和相关的外事活动；掌握第二外国语的基本知识，能初步阅读外语资料，能够借助外语独立进行比较法研究。

第二，具有科学的思维方法、独立的研究能力和创新能力，独立承担科学研究任务，运用专业知识研究重大的理论问题，解决实际问题，在本专业内做出突出的或有创造性的研究成果，从而达到符合胜任教学科研单位及实际工作部门高级专业技术职务的要求。

第二章 国外法学教育的发展及其启示

"他山之石，可以攻玉。"我国法学教育可以比较、借鉴和吸收其他国家的特点和长处，丰富我们亟待充实的法律思想库，训练我们的法律思维，提高我们的法律素养，培养我们的法律意识，使我们的法学教育能博采众长，东西贯通，洋为中用，古为今用，自成体系，独创一家，为我国的经济建设、国家和社会的发展做出贡献。本章分为国外法学教育发展、国外法律人才教育对我国的启示两部分。主要包括英美法系国家的法学教育、大陆法系国家的法学教育、法学教育与实践活动相结合、法学教育既要注重基础又要顾及学生的专业化发展等内容。

第一节 国外法学教育的发展

一、英美法系国家的法学教育

（一）英国的法学教育

从 14 世纪末到 17 世纪初，英国的法学职业教育一直以"律师学院"为主，以"学徒制"形式开展，由资深的法律职业者对学生进行包括"阅读""模拟法庭"以及正式和非正式辩论训练在内的引导。到 19 世纪，随着社会对法律人员法律素质要求的不断提高，英国社会对法律理论教育的需求越来越迫切，但当时的职业律师仍然是通过律师学院的学徒制进行教育，而大学仍然坚持理论教育为主。1846 年，下议院法律教育委员会提出了议案，建议对大学教育和实际技能的培训在职能上进行明确分工，由大学提供法律教育，由法律协会和法学会负责从事律师资格考试的实际技能培训，两者的职能进行明确分工，该建议最终获得通过。

至 20 世纪以后，尤其 20 世纪后半叶，大学取代了律师协会的地位成为法律教育的主要阵地和法律职业人士的主要来源。在法律教育主要由大学负责后，实践训练被安排到了职业培训阶段,法律教育成了纯理论学习,大学法学教育与法律职业开始相脱节。为了改变此弊端,从20世纪70年代开始,英国多次酝酿改革原有的法律教育思路和体制。其中1971年公布的奥姆罗德报告最具有代表性。该报告指出,英国的法律教育应当放弃把"学术"与"职业"以及"理论"与"实务"相对立的思想方法,应当加强大学法学院与法律实务界之间的协作,学术性的法律教育应当与职业性的法律教育结合起来。

目前,英国的法学教育可以分为学术型和实务型两种类型:前者主要培养学术人才,后者主要培养职业律师。

就学术型法学教育而言,在大学攻读为期三年的法律本科,获得法学学士学位(LLB)后可继续攻读硕士学位(LLM或M.PhL),之后再继续攻读法学博士学位。

而实务型法学教育大致可分为三大阶段:学术阶段、职业培训阶段和实习阶段。

一是学术阶段(基础阶段)。此阶段可凭借取得LLB法律学位而免修,只有没有取得LLB的学生必须参加基础学术阶段的学习。

二是职业培训阶段。这一阶段为期一年,由律师公会的法律教育理事会和法律协会负责。在此阶段,学生可选择往事务律师(从事非诉讼业务,只能在低级法庭出庭)或出庭律师(可在高级法庭出庭的律师)方向发展。律师职业课程(BVC)较多注重辩护技巧的培养(口头与书面),而为事务律师设置的法律实践课程(LPC)则增加了其他诸如客户采访及财会方面的内容。这两类培训课程都注重从实践中学习,并且要求学生完成各种律师行业新手所需要完成的各类任务。

三是实习阶段。实习阶段由律师事务所承训,通常依旧沿袭以往的"学徒制"指派经验丰富的律师进行指导。

尽管职业培训阶段与法学学院教育相对分离,但大学的法学课程成为律师所必需的基础法律知识,学位自身构成了获得律师资格的基础。各法学院必须让学生完成被律师资格机构认可的必修基础课程,这极大地规范了大学法学院的角色,保证了大学本科法学教育内容与法律职业教育理论阶段内容的一致性。LLB的法律核心课程通常包括合同法、信用法、房地产法、公法(宪法和行政法)、民事侵权法、英国普通法和衡平法;选修课课程量较大,主要包括劳动法、家庭法、继承法、公司法、犯罪学、国家安全法、冲突法、比较法学、法学理论、法律史学、社会学等。

（二）澳大利亚的法学教育

1. 法学院的办学资格

澳大利亚是联邦制的国家，除联邦法律体系外，各州还有自己的法律。为了保证各州乃至全国法律的统一实施，全国每一所大学和法学院成立都需满足议会规定的条件，在课程设置、师资力量、图书资料、经费投入等方面都必须达到相应的标准。各州都在议会下面成立了专门的管理机构，例如，维多利亚州的法律教育委员会，它主要负责审查法学院的办学资格，规定法学学位的必修课程等。这类机构一般由资深的高级法官、律师和法学院院长组成。

2. 法学教育的两个层次

澳大利亚的法学教育分为法律本科教育和法学研究生教育两个层次。

第一，法律本科教育。本科教育学制灵活，有四年制的法律本科教育（中学毕业后的教育），毕业获法学学士学位，五年制的法学与其他专业相结合的双学位教育，以及三年制的双学位法学本科教育（指已获得一个学士学位后再修法律）。这三种形式的法学学位均为法学学士学位（LLB）。其中，五年制的双学位教育是其法学教育的主体。澳大利亚法学院（系）均以培养双学位法律本科人才为主，自愿选择读双学位的学生占到法律本科总数的80%以上。

第二，法律研究生教育。研究生教育中有法学硕士教育与法学博士教育两个层次，学制也相当灵活。其中，硕士研究生有一年制的课程学习硕士和两年制的学科理论研究硕士；法学博士也分为两种，一种是进行学科理论研究的PhD（称为哲学博士），另一种是课程与研究相结合的SJD（法律科学博士），SJD学位的取得难度较大。

3. 法学教育的硬件建设

澳大利亚的教学手段非常先进。每个教室里均有与计算机、互联网相联的投影设备。这不仅节省了教师课堂板书的时间，而且给教师备课提出了严格的要求，也能更清晰地将教师的教学要点展现给学生，增强了教学效果。

此外，有些学校的教室还配置有笔记本电脑，根据课堂需要可随时查阅有关法条和案例，还可以把学生的课堂提问和讨论观点输入电脑，传递给其他同学，以便共同研讨。以电子图书和网络信息为主的馆藏图书也是澳大利亚法学教育的一个特色。悉尼科技大学法学院与新南威尔士大学法学院在政府资助下，联合研制出一套澳大利亚及世界法律大全数据库，并接入互联网，供教师、学生免费查阅，同时也为法官、律师、法学研究人员等提供了极大的便利。学生只要打开电脑就可以查询到所需要的各国的法律、法规、法学图书和著作、司法机构系统信息等。

4. 教学质量的控制

法律行业机构拟定了统一的培养标准，规定获得法学学位的必修课程，以保证大学培养的法律人才具有从事法律职业所必须具备的知识结构、理论素养和业务技能。例如，维多利亚州的法律教育委员会就规定本州大学法学院必须开设11门法律必修课，各法学院在制订教学计划时必须保证学生在校受这些课程的学习，由此来保证统一的人才培养规格。专门的社会中介组织也会对毕业生进行质量评估，检验和评价各法学院人才培养的质量。例如，维多利亚州就成立了"毕业生评估委员会"，将毕业生达到的理论水平和业务技能指标化、数据化，通过量化评分，评价教学质量的高下。此外，学校对课堂教学活动和课堂考试等主要教学环节都制定了常规管理制度。

5. 办学经费来源

公立大学法学院的办学经费主要来自三个方面，一是联邦政府的资助，二是州政府的资助，三是学生的学费收入。这三项收费中，联邦政府与州政府资助的经费超过50%，其他是学生学费收入。海外学生收费比较高，往往超出国内学生收费标准。

澳大利亚的法学教育全面向社会开放。整个社会都是教学的课堂，各大学的法学院都允许学生全日制或者半工半读制进行学习。有的大学还同意学生完全通过电脑在网上学习，无须走进校园就可以读大学、拿学位，极大地方便了那些不能参加全日制学习而又有兴趣学习法律的普通国民。澳大利亚大学的学位授予权完全由大学行使，政府不加干预。学生只要修完规定的课程，获得了相应的学分，学校就可以授予相应的学位。

（三）美国的法学教育

1. 美国法学教育的层次

美国的法学教育主要分为三个层次。

法律博士（JD），相当于我国的法学学士学位，学制为三年，在职兼读需要四年。第一年是基础课程学习，第二年的课程是有关工商业活动所引起的基本法律问题，第三年的课程则大部分为选修课。三年内需修满80个学分，学分修满后获得学位即可以参加律师考试。美国九成以上法律专业的学生读的都是法律博士。美国的法学第一学位是法律博士,如果没有获得法律博士学位,在90%以上的州是不能参加律师资格考试的。

法学硕士(Master of Law,LLM),主要培养法学教育人才和法学研究型人才。

法学研究博士(Doctor of the Science of Law,SJD),是法律教育体系中的博士学位,现代法学院的博士学位趋向于强调合乎科学的法律研究。

2. 美国法学教育的特点

(1)将初级法学教育定位在研究生层次

美国法学学位分为法律博士、法学硕士、法学研究博士。美国法律博士相当于我国的本科法学学士,学制为三年。法学硕士相当于我国的法学硕士研究生,法学研究博士相当于我国的法学博士,二者主要培养法学教育人才和研究型人才。完成初级法学教育后获得的是法学学士学位,其被置于大学本科教育后的研究生教育层次。美国法学院要求,申请进入法学院学习的学生必须先获得大学本科文学学士或理学学士学位,因此法学学士被认为具有研究生水平。这样设置的原因是:第一,法学被视为一种渊博的社会科学,学习法律者必须具有成熟的思想,而一个刚从高中毕业的学生显然还没有达到这种要求;第二,法律涵盖了许多复杂的社会关系,涉及许多交叉学科范围,因此要求法学院学生应具有其他学科专业知识的基础;第三,这本身有助于法律职业的发展和进步。

(2)职业性——以"培养法律职业人才"为教学目标

美国是一个法律意识较强的国家,法律职业的发展对整个社会和国家来说至关重要,特别是律师职业在人们日常生活中扮演了重要角色,并且律师具有很好的前途,美国律师众多也是其法律行业的一个特色。职业性是美国法学教育最本质的特征,美国法学教育是一种职业性教育,坚持的是"小司法"理念,致力于培养法律职业人才,最普遍的法律博士学位的目标就是培养律师,因为在美国不论是法官还是检察官都是从律师中挑选的。而我国采用的"大司法"理念,即广泛地为社会各领域培养法律人才,不限于立法、司法等法律职业领域。美国法学院始终围绕着如何将学生培养成一名合格的律师来设置课程内容、组织教学、开设训练项目,其教学内容包括法律知识、规则、法律职业思维方式、运用法律解决问题的技巧以及律师工作涉及的会见、谈判、文书写作等,注重培养学生的法律职业道德和职业技能。这就为培养优秀的律师提供了基础和条件,使学生"毕业后一进入律所便可独立工作"。

(3)实践性——以培养学生"像律师一样思考、做事"的能力为教学任务

美国是一个崇尚务实的国家,培养法律职业人才的法学教育更是如此。从培

养学生"像律师一样思考"的案例教学法到"像律师一样做事"的诊所式法律教育，可以看出，美国法学院始终以实践性的教学方式培养学生解决实际法律问题的思维方式和实践能力，而并非只是让学生学习枯燥的理论。不论是从美国法学教育的历史传统或是其继续发展都不难看出：美国始终在致力于提高法学教育的实践性。

（4）多样性——"以案例教学法为主，以课外实践和实习项目为辅"的教育模式

美国是英美法系国家，以判例法为主、制定法为辅，因此研究、分析判例是美国法学院学生最基础的课程，也是培养法律职业人才的基础，因此案例教学法在美国法学教育中仍占主流地位。为了进一步弥补其不足之处提高法学教育实践性，其他法律教育模式和教学活动也应运而生，例如，校内律师事务所（校内法律诊所）、律师事务所实习项目、模拟律师实习、模拟庭审、法律援助项目、司法实务体验、研讨小班教学及学生自创法律刊物等。这一系列教学模式和教学活动相互配合、相互补充，以更好地培养学生的法律思维和实践能力。

（5）跨学科性——"注重交叉学科教学以培养复合型法律人才"的课程设置

法律是一种社会现象，它对社会产生影响，同时，社会也对法律产生了一定的影响，而对实际法律问题的解决往往离不开其他学科的支持。所以美国法学院在课程设计上也认识到这个问题，不仅注重学生的知识背景，还注重法律专业的教学范围，注重法律教育的跨学科发展。法学院教师在教授法律知识的同时，常引入交叉学科知识，使二者相互融合，而不是单纯教授某一门法律知识。同时，法学院也聘请其他学科教师来法学院讲课。这一点对于我国法学教育而言有重要借鉴意义。

（6）高水平的师资队伍

虽然美国法学教育注重实践性，但这并不代表美国法学院的教师和学生的学术水平欠缺。美国法学院教师具有很高的学术水平，知识面也广，深厚的法学功底自然不说，他们还具有交叉学科知识。总的来说，美国法学院汇聚了人文社科中学术能力出类拔萃的人才，许多优秀的硕士或博士毕业生都申请进入法学院。这是由于：第一，在美国，法学院教授社会地位高，收入高，待遇好；第二，法学院学生自身能力较强，且他们在本科阶段学习的各学科知识也对法学院教师提出了挑战，客观上推动了法学教育研究水平的提高；第三，实行选教制，推动法

学院教师间的良性竞争，提高教授们的教学水平和质量，为学生提供更优质的课堂教学和课外实习辅导工作。

（7）行业性组织管理、评估法学教育

美国律师公会（ABA）和美国法学院协会（AALS）在美国法学教育中处于核心地位，控制着法律职业道德和专业训练的最低标准，是有效组织、协调和促进法律教育的两个重要机构。为保证法学院培养出的学生能符合法律职业的要求，美国在19世纪中叶就建立起了法学教育管理和评估制度，美国法学院最开始需要分别接受ABA和AALS的评估，到1969年，法学院由这两个行业性组织联合管理，实行联合评估，由ABA主办，AALS协助，每七年评估一次，评估通过的法学院即可获得"认可"，而对于不符合要求的学校由AALS宣布为试用会员，必要时由代表团开除或暂停会员资格，不服结论的法学院可以上诉。两大组织的"认可"关乎法学院的影响力和生源竞争力。具体来说，美国法学教育的评估技术和方法都是非常科学、先进的，从学生准入条件、师资力量、教学设施、课程设置、专业培养方案、职业伦理教育等方面进行管理和审查，形成了完整统一的评估规则，促使美国法学教育形成有效、有序的行业管理特色。

（8）法律职业部门参与法学教育，指导、帮助教学活动

在美国，检察院、法院等法律职业部门对法学教育提供的指导为法学院更好地培养法律职业人才提供了有利条件。例如，《全美检察准则》规定，"检察院应当关心和支持法学院的法律诊所建设，对于设有检察法律诊所的法学院，检察院应当主动参与合作，并提供相应的人员和技术支持，特别是具体承担实践教学任务等。对于还没有条件设立检察法律诊所的法学院，检察院应当积极促成法律诊所的建设"。法律职业部门积极参与及指导，一方面有利于弥补理论教学的不足，减少枯燥感；另一方面也保证了实践教学的发展。

二、大陆法系国家的法学教育

（一）德国的法学教育

1. 德国法学教育的阶段

德国法学教育第一阶段。大学学习德国《法官法》第5条是法学教育第一阶段，即大学学习阶段的最重要法律依据，因为该条款全面规定了该阶段的学习期限、学习内容、实习和成绩考核。《法官法》允许各州法律在其规定的框架下，对大学学习做出进一步的规定。与此同时，各大学也可以依据《法官法》和本州

法律，对大学学习做出更加具体的规定。例如，大学学习的目标和期限《法官法》第5条a第1款对大学学习期限做出了明确规定：大学学习时间为三年半，如果具备了参加第一次国家考试的条件。这一时间可以被缩短，但不能少于两年。《法官法》对学习期限只规定了下限，而没有严格规定上限。从实际情况来看，很少有人能在三年半学习之后，就参加第一次国家考试，通常要经过四到五年的学习。因此，各州和各大学对学习期限的规定都长于三年半。例如，慕尼黑大学《法学学习规则》第3条对学习期限（包括参加第一次国家考试的时间在内）的规定是9个学期，即四年半。

德国法学教育第二阶段。见习服务考生通过第一次国家考试后，经过申请就可以进入德国法学教育的第二阶段——见习服务阶段。《法官法》第5条b和有关条款规定了这个阶段的培训制度和内容。此外，各州法律对此也做出了进一步的规定。受训者在此阶段被称为"候补官员"，享有临时公务员的身份，可以领取津贴。依据巴伐利亚州《教育与考试规则》第32条规定，见习服务的目的在于：使已通过第一次国家考试的"候补官员"了解司法和管理工作，并由此熟悉法的实施，在法学教育结束时"候补官员"应能在未来的法律实践中独立地工作，并能适应社会多方面和多变的要求。《法官法》第5条b把见习服务的部门分为必选和自选两类。必选部门为"候补官员"必须选择的部门，包括法院的民事审判庭、刑事审判庭或检察官办公室、行政部门和律师事务所。自选部门可由"候补官员"自己在规定的范围内任选一个作为见习服务的部门。自选部门包括必选部门中的任何一个部门，联邦或州立法机构，公证处，行政法院、财政法院、劳动法院或社会法院，工会、雇主协会或其他经济、社会、职业等自我管理组织，企业，国际、国家间或外国培训机构或外国律师事务所；其他相关培训机构。

《法官法》第5条b把见习服务的时间规定为两年。各州法律对此做出进一步的划分。巴伐利亚州《教育与考试规则》第35条规定：候补官员应在司法部门接受培训9个月，其中6个月在法院的民事法庭、3个月在法院的刑事法庭或检察官办公室；在公共管理部门接受培训7个月，其中5个月在州议会办公厅或乡镇公所、2个月在政府机构、行政法院或州检察官办公室；在律师事务所接受培训4个月；还有4个月时间由候补官员自己在该法规定的30个见习服务部门范围内选择一个继续接受培训。

在见习服务期内，候补官员应接受不少于3个月的培训课程。候补官员在司法部门和公共管理部门开始见习服务时，应参加相关的入门培训课程的学习。司法部门的入门培训课程又分为民事法庭和刑事法庭或检察官办公室两个方面的培训课程。在必选部门见习服务期间，候补官员必须参加相关的学习小组，并完成学习小组负责人或培训负责人规定的各种考核。在自选部门见习服务期间，相关的学习小组也应尽可能地被建立，候补官员也要参加这类学习小组。此外，依该条规定，在司法部门见习服务时，候补官员必须参加劳动法的专门培训，而在公共管理部门见习服务时，则必须参加税法的专门培训。

2. 德国法学教育的特点

（1）宽进严出，致力于培养高质量的法学人才

德国法科学生在入学方面没有任何限制，且无学费之负担。这有利于吸引大量有志于从事法律职业的学生修读法学，也使学生无经济压力之虞。虽然环境看似较为宽松，但是竞争的压力并不小，高淘汰率迫使法科学生勤学苦读。层层筛选，优中选优，保证了培养出的法学人才具备扎实的理论基础、良好的职业操守、出色的业务能力。一代又一代蜚声国际的德国法学大家的出现，正说明了德国法学教育在这一点上的成功。

（2）理论联系实际，学术教育与职业教育相结合

虽然，在德国的法学教育中，学术教育的比重更大，但德国在法学教育的过程中并没有忽略职业教育。例如，学生在基础学习期间必须有3个月以上的实践学习时间；练习课上解答的案例都来自实际；各法律系大多聘请实务部门的专家来上课；不少教授本身就兼任着法官，具有比较丰富的实践经验；第一次国家考试中有实务部门的考官参加考试；通过第一次国家考试后设置为期两年的见习期；第二次国家考试的内容具有鲜明的职业特色。作为一门应用型学科，法学教育中加入职业教育有助于法科学生在实践中不断丰富和深化理论知识，培养专业素质和能力。

（3）法学教育水平较高，资源分配合理

德国以公立大学为主，没有正式的名次排列，也没有两极分化的现象。各大法学院在办学条件、师资力量、发展前景等方面各有优势，实力较为均衡。另外，德国法学教育具有一支高水平的师资队伍。

在德国，大学教授具有极高的社会地位。而想成为法学教授，要求近乎严苛——不仅需要良好的两次国家考试成绩和一篇高质量的博士论文，还需要通过教授资格考试，完成高水平的教授资格论文。由于教授席位有限，大多数获得教授资格的人必须耐心等待，直至教授席位出现空缺后再去竞争。因而，在德国的大学里，教授数量是非常少的，这就决定了教授所享有的尊崇地位，同时也表明

他们代表了极高的学术水准和那种"为知识而知识"的近乎宗教般的学术理想和情怀。

（4）法学高等教育是从业的前提

德国的法律从业资格考试是第二次国家考试，而要参加第二次国家考试，必须经过大学基础教育阶段、第一次国家考试和见习期。也就是说，接受正规的法学高等教育是从事法律职业的前提条件。高等教育是一种专业教育，即按专业类别培养人才的活动，它是以培养各级各类尤其是具有创新精神和实践能力的高级专门人才为宗旨的。法学教育不仅仅在于传授法律基本知识和方法，更在于培育法律精神和法治信仰，接受过法学高等教育的法律从业者往往具有更严谨的法律逻辑和法律思维，拥有更完善的法律职业素养和身为法律人的伦理道德。

（二）日本的法学教育

日本属于大陆法系国家，长期受到欧洲特别是德国高等法科教育传统理念的影响。这种理念认为，法学教育是高等教育的有机组成，是养成综合法律素质的教育，并不和法律职业挂钩。因此，日本四年本科学习的任务是系统地传授法律知识，偏重讲授（Lecture）式教育方法，注重法学知识和人文精神培养的系统性与科学性。

2004年后新设立的法科大学院制度是基于日本自身存在的法学人才培养模式的问题，汲取美国法学教育的长处后做出的较大改变。这种改变不仅仅对解决日本国内司法体制中优秀人才短缺的问题有相当裨益，更是大陆法系国家在借鉴英美法系法学人才培养模式过程中的一次良好实践，或者说这是两大法系在法学教育中的一次良好互动、借鉴和结合。

日本大学法学部是本科教育，主要传授法学基础知识、法律基本逻辑思维，重在普法，具有教养学科的特色。法科大学院与法学研究大学院属于研究生教育层面，只是前者偏向于职业教育，后者偏向于学术教育。改革后，如果想要成为一名实务法律家，从事法官、检察官和律师职业，必须接受法科大学院的教育，但是如何解决法科大学院与日本传统法学教育的矛盾，仍是亟须探讨和解决的问题。例如，各大学校特别是私立大学，为了获得改革红利和竞争优势，有抽调法学研究大学院的优秀师资去法科大学院任教的情况。沉重的教学压力不利于学者潜心学术，从而在一定程度上会影响法学学术的发展。同时，这也会导致法科大学院与法学研究大学院功能上的失衡。长此以往，会形成重实践而轻学术的法学教育局面。

日本还具有统一而严格的司法考试制度。统一，有三方面的意思：全国统一举行司法考试，由法务省领导并协调法院、检察院和律师协会组织开展，考试结果受到公认；司法考试是确定实务法律家的统一门槛，将来不管是法官、检察官还是律师都必须通过这场考试；考试内容与法科大学院的教学内容是相统一的。严格则是指考试的管理规范、范围广泛、难度较大。日本的司法考试不仅检测学生的法学知识，也检测基本常识；不仅有笔试，也有现场口试。虽然法科大学院的设立目标之一是使毕业生通过司法考试的比例达到70%~80%，但是，因为司法考试难度未降，通过率仍然与预期存在较大差距。

日本本科法学教育属于普及型的通识教育和法律素养养成型教育，其毕业生不仅从事法律职业，还从事社会其他职业，这些其他职业可能与法律职业有关，也可能与法律职业无关。法科大学院的生源大部分即来自这些法科毕业生，不到30%的学生来自其他专业。入学法科大学院需要经过严格的选拔。在完成法科大学院的研究生教育后，经过审查评定可参加国家司法考试。通过司法考试才可能从事法官、检察官或者律师职业，否则只能从事税务官、代书士、公证人等邻接法律职业。通过层层的选拔，原本的大众教育实质上已经转变成了精英教育。公正、合理的制度设计，既可以保证公民有学习法律的权利，又可以从大批学生中挑选出优秀的法律人才，塑造真正的法律精英。

在日本大学本科，学生接受法学基础教育；在法科大学院，学生开始较多地接触到实务训练；司法考试结束后的研修期，学生接受完全的职业教育。为了弥补大学校园中难以接触实务的弊端，日本邀请了真正的法官、检察官和律师作为学生的导师，不仅讲授实务技巧，更是将学生带到实务中亲身体验。而且，在研修期，学生不是单单接受一方面的实务训练，而是要求熟悉法官、检察官和律师三种职业的实务操作。这有利于学生开阔视野，更好地形成法律人的职业素养、伦理道德和逻辑思维，从而有助于培养法律职业共同体。

（三）法国的法学教育

总体上讲，法国的法学教育是由法学院基础法学教育和职业教育这两种相衔接的教育模式组成的。基础法学教育是通过法学高等教育实现的，是由综合性大学来承担的。大学法学院为学生打下法律知识的基础并着重训练学生的学术能力。而职业教育则主要由国家法官学院和律师学院来承担，注重对学生法律实践能力的培养。

1. 法国法学教育的阶段

具体可以将法国的法学教育分为三个阶段，第一阶段——两年期满合格获得初级学位；第二阶段——两年修完第三年课程获得学士学位，修完第四年课程获得硕士学位；第三阶段——博士学位阶段。

其中，法国硕士学位是各个法律职业的一个分水岭，学生在修完大学四年的课程后有以下四种选择：一是继续接受法学学术教育，获得法学博士资格学位（这是准备博士论文的前提），答辩通过后授予第三阶段博士学位或国家博士学位。在法国，拥有博士学位的学者可以免除司法考试。二是报考国家法官学院，接受2～3年的职业训练，培训结束后，学生做出选择：或者从事法官职业或者进入检察院。三是报考国家行政学院，参加培训，最终进入行政法院，成为行政法院法官或进入其他行政部门。行政法院的学员毕业后，根据自己的学业在行政机关的各部门做出选择。其中最优秀的选择参政院，在那里，他们可能被分配到一个行政法庭或与诉讼案件有关的法庭；其他人选择其他行政部门，或者被分配到他们有兴趣但声望不高的行政法院工作。四是参加全国统一考试，获得"律师业技能合格证书"，从事律师行业。法学毕业生获得学位后向律师协会提出申请，进入律师培训中心进行为期一年的学习，合格者通过全国律师资格考试后，成为律师协会的成员，即见习律师，3～5年后律师协会根据其表现授予律师资格。

2. 法国法学高等教育模式的演变

（1）传统的法学高等教育模式

在2002年法国高等教育改革以前，法国的法学教育分为相互独立的三个阶段。

①基础教育阶段。其目标是通过理论、方法、实践与应用相结合的培养方式，使学生获得基础学科知识，使其掌握一定的治学方法和文献资料使用方法，养成对学科的敏感性，为其继续深造奠定基础。对于希望立即就业的学生，第一阶段的教育还应当确保其获得未来进入较广择业领域所需的职业知识与技能。此阶段进入大学学习的法科学生经过两年的学习可以获得大学普通学习文凭。

②专业教育阶段。该阶段教育强调以渐进的方式引导学生进行专业选择。通过组织程度不同的通识教育和专业教育，帮助学生规划、设计个人培养方案，将课堂学习与实践活动相结合，为其进入某种或某类职业做好准备，将学生培养成为同时适应公营与私营部门职位需要的专业人才。在注重培养应用型人才的同时，这一阶段的法学教育还强调使学生进一步完善其知识内容与体系，加深其文化修

养，逐步培养学生的科研能力与学术实践能力，引导他们从事相应的研究工作。学制为期两年但又相对独立，学生可以经过一年学习获得法学本科文凭或者经过完整两年学习获得硕士文凭。在此阶段，法国学生允许选择学习公法或者私法的课程，法学学位中也存在公法与私法这两个领域的区分。

③深入培养阶段。这是一种"研究型培养和通过研究进行的培养"。其培养目标是通过研究型培养方式使学生能够独立完成具有一定创新性的科研工作，推动知识进步，实现理论创新，同时使其掌握未来从事法学教学与研究所需的一整套方法，为国家法学教育与研究的发展积蓄力量。同时特别强调在基础法学教育的基础上进行渐进式的专业教育，注重理论联系实际，力求使学生经过逐步细化的法学学习成为能够胜任某一法律领域工作的人员，最终授予博士文凭。在正式开始博士研究和论文写作之前，学生通常要先经历博士预备阶段，用 1～2 年的时间取得"深入研究文凭"或"高等专业文凭"。在取得博士预备资格后，希望继续深造的学生会与相关专业导师联系，进行双向选择，确定论文题目。博士阶段没有必修课程，学生除了参与一些学术沙龙、研讨会外，主要是在教师的指导下独立开展研究。要成就一篇优秀的论文，学生通常要花费 4～5 年的时间。

（2）现行的法学高等教育模式

1999 年，法国等 29 个欧洲国家的教育部长在意大利的博洛尼亚市签署了《博洛尼亚宣言》，标志着创建"欧洲高等教育区"计划正式启动。欧洲高等教育博洛尼亚进程的六个目标，在 2001 年 5 月 19 日于捷克首都布拉格举行的有 33 个缔约国参加的欧洲高等教育部部长会议上得到重申。这六项改革方向为：其一，采用一套明晰的、具有可比性的文凭体系；其二，采用学士、研究生（硕士和博士）两级一体的培养系统；其三，建立学分体系；其四，促进各国大学人员流动；其五，促进质量评估的欧洲合作；其六，欧洲范围内高等教育的结合。

此会议在《博洛尼亚宣言》的基础上，明确了高等教育目标，为整个欧洲教育提供了质量上的保障，成为各国改革的法律基础。据此法国政府颁布的 2002 年 4 月 8 日的第 2002-482 号政令，规定了法国建设欧洲高等教育的核心内容包括本科、硕士研究生、博士研究生三个层次的欧洲大学标准化模式，分别对应三年、五年和八年的累计修业年限；以学期和教学单位进行教学组织；实施欧洲学分转换体制等。到 2006 年，法国公立大学基本采用了欧洲一体化的教育模式。新制度下的法国法学教育培养出大量具有能力的职业化与专业化法律人才。在新旧制度交替过程中，法国原有的高等教育三阶段学制在一定程度上继续保留，原有的普通大学学士文凭和硕士文凭在新学制中作为过渡文凭也将依然存在。

在法学本科的学位中，不再区分私法学本科与公法学本科，但存在受到严格管理并专门为打算本科毕业后即投入工作学生而设立的专业本科学位。出于对严峻就业形势的考虑，大部分法学专业学生都会选择进入硕士阶段继续进行学习，甚至有些学生会选择依次完成几个方向的法学专业硕士学习。硕士学位涉及第四年和第五年的学习。硕士的学习按学期组织，并被划分为不同的领域和专业（如地产领域、私法专题、法律职业特殊培训）。在法国硕士阶段存在研究型硕士与专业型硕士的区分，前者更加侧重于理论，后者更加侧重于实务。博士阶段的学习原则上要经历三年，但是特殊情形普遍存在。博士生一般在一位导师的指导下在导师的团队中进行研究。

第二节　国外法律人才教育对我国的启示

一、法学教育与实践活动相结合

我国大学阶段的法学教育属于一种通识教育，并非职业教育。目前，在我国通过司法考试后，考生要取得律师执业资格只需经历一年的实习期。这样，我国制度层面上的法律职业培训就只有"在律师事务所实习满一年"的规定，没有职业培训课程的相关规定。在这方面德国、英国、澳大利亚与美国的做法值得借鉴。

大学法学教育与各种实践活动相结合是德国法学教育的又一重要特色。德国法学教育中的实践活动有两次。在大学阶段的法学教育中，学生必须完成3个月的实习，这是第一次实践活动。法学教育第二阶段的两年见习服务则是第二次实践活动。由于这些实践，考生在通过第二次国家考试后，已经具备了胜任司法工作和各项高级管理工作的能力。

英国设置LPC/BVC课程的做法也值得借鉴。司法考试合格的人员并不能马上取得法律职业资格，还须继续修读职业培训课程。该课程的对象是具备一定理论基础、司法考试合格并有志于从事法律职业的人员，目的在于培养其法律实践中的各项技能，授课教师为经验丰富的法律实务人员（包括法官、检察官、律师）以及具有兼职经验的大学教授。

澳大利亚要求各法学院（系）均专门开设法律实践与职业道德课，并建有标准的模拟法庭。法律实践课程占总课时的30%左右。

美国的法学教育性质上属于职业教育，注重法学实践教学、案例分析，从最初以讲授法律规则为主，发展到包括教授分析问题的技能、口头辩护以及语言表达的技能在内。通过学生查阅资料、参与讨论教师引导学生分析和讨论案例，发现和理解案例中的法律观念和法律规范，发挥学生主动探讨和发现的精神，提高分析和解决问题的能力。

二、法学教育既要注重基础，又要顾及学生的专业化发展

德国大学法学教育中的课程分为必修课程和选修课程。必修课程以民法、刑法和公法为核心内容，它们既构成德国法学教育的基础，又是德国国家考试的重点。而选修课程的设置为学生个人的知识向专业化方向发展提供了可能。法律从业人员的知识专业化也是社会发展对法学教育提出的更高要求。例如，德国律师都有明确的专业方向，很少有万金油式的全能律师。再如日本的大学一般采取"入门科目""基础科目""发展科目"的授业体系。法学里法律学科的"入门科目"主要是指法学入门、法制史、法理学等科目。"基础科目"主要是指宪法、民法、刑法、民事诉讼法、刑事诉讼法、商法、国际法以及行政法8门法律学科专业的传统基础科目。而"发展科目"则是在"入门科目"以及"基础科目"的基础上，选出学生自己感兴趣的、对今后的发展方向有帮助的科目。其中就包括了与今后考研选定专攻领域时有关的科目。这种授业体系特别是"发展科目"的选定（除了对将来"就业的选定"有很大帮助外），对有兴趣进入研究生院继续深造的学生来说也是很有益的。因为，除宪法、民法、刑法等传统领域外，还有比较小且专业性较强的其他领域，例如，税法、竞争法、金融法、知识产权法、破产法等，而这些领域的基础知识都需要在大三、大四期间较全面地进行学习，这样就为进一步深入学习研究专业领域打下前期基础。

日本研究生选拔注重"专攻领域"。首先，在选拔研究生填写报考申请表时，须明确填写自己的"希望专攻领域"，有的大学还须填写"希望指导教官"，并且须提交进入研究生课程后的研究计划。面试在科目笔试考核结束后进行，面试的核心除检测考生的反应能力、法律语言表达能力等外，主要集中在"希望专攻领域"专业基础知识的提问上。提问的对象基本以笔试内容以及该领域所涉及的相关基础知识为主，并且结合该领域的热点案例提问。因此，对"希望专攻领域"的知识掌握多少、深浅，对是否被录取作用很大。根据日本文部省对该授业体系的学生问卷调查来看，对此授业体系的满意度高达97%。日本研究生选拔注重"专攻方向"和本科授业体系的前瞻性等特点，使得日本的大学生在很大程度上避免在选择考研时可能会出现的盲目性。学生在进入研究生课程后，能尽快地按照自

己既定的目标，在指导教官的悉心指导下更系统地学习、研究，事半功倍，提高了效率，为培养法学专业领域人才打下了基础。因此，借鉴这些国家的经验，我们的法学教育也要估计学生的专业化发展。

三、制定行业标准，规范竞争秩序

教育绝对不能垄断，否则必定会滋生保守与低效，所以法学教育机构之间的自由竞争是应当受到鼓励乃至扶持的。日本法学教育的一个优良传统便是大力发展私学，即便其改革过程当中未改初衷，只要符合标准则一律许办法科大学院，但是日本政府的无为而治并不代表着放任自流，反倒是在事前准入与事后监督两方面都采取了较为严格的管控，使得法科大学院之间的竞争完全是一种教学质量与就业程度方面的有序较量。

我国法学教育可以借鉴日本法学教育的优点，制定出统一的准入制度，进一步完善监督管理机制，使各个法学院已经进入有序与良性的竞争状态当中，从而更好地增强法学教育的品牌价值。我们还可以通过加强校际合作，制定出统一的行业标准，规范和避免无序竞争的状况。

目前，具体措施上首先要做的便是迅速建立起具有广泛公信力的第三方评估机构，由其定期对各个法学院的运营状况进行客观评价并发布报告，这不仅可以让法学教育对公众更加透明，而且有助于在行业内部建立起了一个横向坐标体系，使得一切的比较都有了参照。其次，国内一流法学院可以组成松散的联盟，制定统一的教学标准，或采用统一的录取考试，甚至不妨相互承认学分，从而起到树立行业标杆的作用。最后，大学界与律师界不妨取得更为紧密的沟通，通过律师协会给予合乎标准的法学院发放认证的方式，将那些不合格的院校排除在职业共同体之外。

四、对法律人基本素质训练的加强

与先进国家的法学院教育相比，我国的高等法学教育在对法律人的基础能力，尤其是阅读与写作方面的培养还远远没达到令人满意的程度。

阅读方面，学生除了课本和偶尔分发的讲义，很少阅读其他文本，学生一个学期的规定阅读量可能低于外国学生一个月的阅读量。对于写作的训练，国内高等法学教育也不够重视。教育部高等学校法学类专业教学指导委员会在 2007 年所制定的 16 门法学学科核心课程当中并不包括专门的写作课程，这一点与美国法学院将写作列为必修课的做法不同。而在核心课程的教学过程中，教师也很少能像法国法学院所进行的那样,对学生进行配套的写作训练。尽管有一些教授会在期中布置小论文类型的作业,但学生既然没有接受过写作训练,对于论文性质的作业自然无从下手,最后往往都是敷衍了事。而这一训练缺失的后果是严重的:走上社会的法学毕业生,即使在大学期间就通过了司法考试,也可能写不好一份最基础的法律意见书;继续攻读硕士、博士学位的学生欠缺最基本的学术研究和规范写作的能力,往往还需要导师浪费大量时间手把手地进行指导。

写作能力作为一个法律人的基本素质,在本科的四年间却没有得到应有的训练,不得不说是一个遗憾。或许会有人质疑,一个教授往往要给50~100名学生上课,另外,还要求他们监督指导学生的写作是不可能完成的任务。然而实际上,无论是美国还是法国的法学院,写作指导的任务从来就不是由教授,甚至不是由学院的在编教职员完成的。两国共通的做法是,聘请校外的年轻专业人士,例如,青年律师、初级法官或法务人员(法国法学院还会聘用本校的博士生)来担任每一个法律写作班的指导老师。每一个班的规模都在15~20人,每周2小时左右的课时,对于这些兼职的指导老师来说,无论是授课还是批改作业的强度都完全可以接受,他们也能够借此增加自己的收入。而法学院的正职教职人员通常完全不过问写作训练的内容,只需要在考试时验收训练的成果即可。

借鉴这一模式,对我国的法学院来说也并不困难:一方面不少学校有充足的博士生可以完成这一任务;另一方面聘请校外的专业人士进行写作指导也能增进本科生和法律执业人士的交流接触,符合高等法律教育职业化的改革大方向。

总而言之,障碍并不十分难以克服,且鉴于写作能力对于法律专业人士培养的关键作用,各高校应尽快探讨如何填补高等法学教育中写作训练的空白。

五、法学教育的实施需要政府机构和司法部门的支持

在德国法学教育中,政府机构和司法部门发挥着重要作用。大学在法学教育中的功能非常明确,即让学生掌握法律专业知识和其他必要的相关知识并能通过第一次国家考试。对两次国家考试的组织和安排则由州政府的有关部门来完成,如在巴伐利亚州由州司法部的司法考试局实施,而见习服务的实施则由法院和政府等部门共同配合完成。

此外,大学阶段的实习也是由政府机构提供各实习部门。例如,在巴伐利亚州,由州司法部的司法考试局和内政部门负责安排实习部门。这些都保证了法学教育的顺利实施。

六、法学教育应与国家司法（律师）考试紧密结合

法学教育与国家司法考试紧密结合是德国大学法学教育的重要特色。在大学法学教育的后期，各大学都安排了专门的准备国家考试的课程，使学生对第一次国家考试有充分的准备。让学生通过第一次国家考试是德国大学法学教育的中心任务。而第一次国家考试的内容就是大学法学教育的内容。这种紧密结合使得学生的学习目的明确和学习积极主动。

除此以外，澳大利亚五年制的双学位教育培养目标非常明确，就是职业律师，重点培养学生的创新意识和独立处理法律事务的能力。美国没有全国统一的司法考试。每一个州都是独立的司法单位，都有自己的律师考试、报考条件和通过标准。JD学生通常会在三年级下学期报名，各州随意考，如果考试时间无冲突，学社可以参加多个州的考试，同次联考成绩（MBE）各州之间互相承认。LLM学生只能在美国的11个州报考，纽约是其中一个，它吸引了绝大多数的LLM考生。LLM学生要在考试前的6个月向考试单位申请"考试资格审核"，一般要求递交四年法律教育的成绩单、律师执照和LLM证明等。只有审核通过后，方可在考试前3个月缴费报考。

第三章 法学教育改革与法律人才培养的思考

随着法治建设的不断完善，社会对法学人才的需求越来越大，法学教育越来越受到重视，但目前法学教育现状并不理想，虽不断采取措施进行教学改革，却仍存在一些问题，本章对法学教育改革与法律人才培养进行了思考。本章分为法学教育与法律人才的现状、法学教育改革的关键、法学教育改革的新挑战、法律人才培养模式的缺陷四部分。主要包括法学教育现状、法律人才现状、加强法学研究生教育国际化、法治中国给法学教育带来的挑战、实践教学方面存在问题等内容。

第一节 法学教育与法律人才的现状

一、法学教育现状

改革开放40多年来，我国高等法学教育取得了发展和进步。办学条件不断改善，办学规模与效益持续提高；学科体系不断完善，培养层次日益丰富；法学教学科研水平稳步提高，学术产出令人瞩目，为社会培养和输送了一大批优秀法律人才，在社会主义法治建设中发挥了重大作用。然而，法学教育的繁荣不能掩盖背后存在的问题和隐患，一些重大问题如果不能得到妥善的解决，将会制约我国法学教育的发展，无法满足我国法治建设走向深入的需要。目前，我国高等法学教育呈现出以下几方面的状态。

（一）法学教育与法律职业的脱节

从常理上来说，法律教育与法律职业的关系应当处于相互衔接的状态，但是目前法学教育与法律职业在一定程度上处于非正常的分离状态，这种脱节的状态不仅背离了法律教育的宗旨和法律职业的发展，而且日益成为当前法律教育的缺陷之一。

1. 法律教育的培养目标不合理

近年来，我国法律教育的培养目标虽然经过多次变化，但是与真正的法律职业联系仍然不够紧密，普通高等教育的共同目标通常简单地表述为"培养德、智、体全面发展的，从事政法实际工作的法律专门人才"。

著名法学教育家孙晓楼先生在所著的《法律教育》一书中谈道："法律教育的目的，是在培训为社会服务为国家谋利益的法律人才，这种人才一定要有法律学问，才可以认识并且改善法律，一定要有法律常识，才可以合于时宜地运用法律，一定要有法律道德，才有资格来执行法律。"孙先生引述了美国康奈尔大学原校长怀特（White）在该大学法学院创立之日说的一段话："我们创办法律学校的目的，非在造就许多讼棍；乃欲以严格之训练，提高其程度，使将来出校之后，有高深的学问，有远大的目光，有高尚的道德，若再次以相当之经验则无论为法官、为律师、为公共事业，鲜有成为不造福国家的法学者。"这一个世纪之前说过的话语，今天仍然是音犹在耳，听来不失为法律教育的良言。

法律制度的完善，法治国家的建成，很大程度上应该取决于有没有接受过现代法律教育，能否培养出真正学有所成的并且具有法学献身精神的法学家和法律工作者。而就培养目标而言，一个法律人才培养机构必须对于这个问题有清楚的认识。对于法学教育培养目标的表述虽然可以是不尽相同的，但是有一点是毋庸置疑的：法学教育不仅应当是知识的传授、能力的培养等各方面法律综合素养的养成，同时还应该是一个法律职业素养、法律伦理道德的培养过程。

2. 法律职业人员的非专业化法律培训体系不健全

为提高司法队伍中人员的整体素质和专业水平，从20世纪80年代起，我国在职司法人员的法律培训逐步发展起来，其速度和规模令高校的法律教育相形见绌。如1985年全国拥有大专以上学历的法官不过数千人，但到1995年已经有11万名法院干部（包括80％的法官）从法院系统的夜大、业大中获得了法律专科文凭。

另外，我国在各领域建立了永久性的法律职业人士养成机构。最高人民法院设立国家法官学院及其分院；最高人民检察院设立了国家检察官学院；中国律师事务中心和吉林大学在1993年联合创办了一所德恒律师学院。如果说，在初期是不必经过大学法学教育就可以成为法官、律师，如今是不必进入大学就可以得到法律本科、研究生毕业证书。由此而产生的问题是，我们应当如何合理分配有限的法律教育资源？一种法律职业与另一种法律职业所需要的基础教育是否存在实质差别，以致需要按法律职业的分类（法官、检察官、律师）分别建立各自的教育机构？我们如何更好地提高法律职业人士的水平值得思考。

3. 应用型法律职业人才培养不足

传统法学教育以部门法为界分标准划分法学二级学科，导致各个部门法学科之间缺乏沟通与交流，各个部门法学者往往局限于自己的一亩三分地，欠缺对其他学科的必要关注。法学教育侧重从各个部门法的角度传授理论知识，欠缺对法官、检察官、律师等特定法律职业人员综合应用法律处理法律事务的职业技能的关注，同时理论知识和社会实践脱节的现象在不同程度上存在，这导致了我国当前的法学教育欠缺职业导向和实践导向。法科学生往往只掌握了书本知识，而这些知识在实践中大多难以得到有效的应用，同时由于欠缺从事相关法律职业所需要的职业素质和技能，在他们进入真实的法律应用环境之后会陷入"所学非所用"的尴尬境地。造成这种困境的根本原因在于我国的法学教育欠缺足够的职业教育属性，法学教育和职业教育处于分裂状态，法学教育的输出终端和法律职业的入口之间存在明显的断层。法律职业是一门需要经过特殊训练的职业，从事这一职业需要具备扎实的法律知识、娴熟的职业技能和特殊的职业伦理。这种特殊性决定了法学教育必须以职业为导向，在教育过程中实现法律知识教育、职业技能教育和职业伦理教育的三位一体。要通过法律职业教育，培养和塑造法律职业共同体，提升整个法律职业共同体的素质，实现法治理想。

4. 复合型法律职业人才培养不足

从宏观上看，现代法学教育最基本的挑战即对于复合型精英法律职业人才培养不足，法学院的产品（主要是毕业生和学术成果，并且这两者常常是交织在一起的）能否满足中国社会发展需要的问题。具体来说，就是法学教育如何能面对正在发生的社会转型和经济的迅速发展，培养出法律精英，向市场提供优质的法律人才。由于社会转型时间可能会持续20年甚至更久，因此，这个挑战也会持续相当长的时间。就毕业生而言，中国法学院的产品还不能满足社会的急迫需求，同时表现为产品的紧缺和过剩。紧缺的是两端，过剩的是中间产品。就高端、顶尖的法律人才而言，目前表现得最明显的是国际、国内经济事务上的法律人才缺乏，但是在未来，很可能还会欠缺参与治理国家、决定对内对外政策的高端法律人才。一个明显的例证是，有关国家的经济问题的立法中，往往扮演主要角色的是一些经济学家，包括中青年一代的经济学家，却较少看到法律家的影子。一些有关经济、商业的判决引发了经济争议。在一些重大的社会问题上，法律人似乎也缺乏对决策后果的足够考量。有些司法改革的措施仍然有待完善，以便更好地解决问题。

在当代中国，一方面，法律人似乎更多扮演的是一种社会活动家和改革推动者的角色，而实际贯彻并取得可观后果的技能仍有待提高。另一方面，法学教育还不能满足中国农村或经济相对落后地区的法治需要。中国是一个大国，民族众多，各地政治经济文化发展不平衡，因此，在追求法律统一的条件下，司法者必须尽可能使法律适应当地的情况，有效解决现实生活中的问题，但是现在法学院的毕业生凭着从法学院获得的知识往往根本无法做到这一点。在中国的基层法院，在西部地区，甚至东部的相对落后的地区，由于当地的支付能力有限和法学院毕业生的知识不对路，同样出现了法学院毕业生的稀缺。与此同时，在中国东部，特别是沿海大城市，已经出现了法学毕业生的相对过剩，表现为法学院毕业生找工作越来越难，工作的工资水平也与毕业生的预期相差越来越大。这些问题当然并非法学教育造成的，也无法由法学教育来解决，但是它至少证明了法学教育面临着因社会发展而带来的尖锐挑战。法学教育有必要做出相应的调整，以培养出精英法律人来应对现实的需要。

5. 法学理念教育、职业伦理教育不够深入

"理念"一词首先是由柏拉图（Plato）提出的。他把理念看成具体事物追求的理想和目标，是具体事物得以存在的根据。法学理念即法的理想，是对法的应然性研究。它主要研究法之为法的范式，揭示法的价值取向、价值目标，为评定实在法提供价值标准，为改善和完善法律制度提供理想模式。现代性的法学理念主要来源于西方古典自然法。古典自然法学家提出的一系列法的价值和理想对我们今天树立现代性的法学理念有许多借鉴和启迪意义。我国现在正处于由传统社会向现代社会过渡的历史转变时期，建立社会主义法治国家是党和国家的中心任务之一，时代正在呼唤对法的理性建构，因此对法的理想与价值的研究有重要意义，它使法具有前瞻性和终极性关怀。综上可知，法学理念教育对于卓越法律人才培养的重要性。然而，在我国，由于对法学理念教育的忽视，导致大部分的高等院校对于法学理念这部分的教育不够深入。

法律职业伦理教育应当是法学教育的重要内容，但我国的法学教育一直对法律职业伦理教育没有给予足够的重视。法律职业伦理教育具有不可替代的育人功能和社会功能，它对于塑造法学专业学生的综合素质、提高职业技能和发展能力

发挥着重要的作用。法律职业伦理教育还有助于培育法律职业群体、净化社会法治环境、推动社会文明进步。因此，在法学专业学生的教育中，法律职业伦理教育应贯穿于法学教育的始终。

加强法律职业伦理教育能使法律职业者对职业道德规范的内涵、具体要求和精神实质有明确和深刻的体会，方法得当的职业伦理教育可以把对法律职业者的外在职业规范和道德要求内化为法律职业者内心的道德水准和个人品德追求目标。因此，法律职业伦理教育能促使法律职业者严格按照法律衡量是非，将法律作为评判标准，以此约束自己的行为。由于我们在法律职业伦理教育方面做得不够，导致了法律职业者职业良心和职业荣誉感的缺失。有些人错误地认为，他们从事的法律实务工作仅仅成了法律技术工作，而在技术操作上出现问题只是操作过程的疏忽和失误，没有从法律职业的责任和使命的角度来认识，降低了职业伦理的标准，丧失了道德操守，从而形成了司法腐败。

（二）法律教育的泛大众化

在中国社会发展过程中，法律教育日渐被大众化和普及化，在一定范围内，教育观念、目的和功能都随之产生了变化：在观念上，接受法律教育从本来应该是少数具有一定资格的人的权利变成了一种义务；在目的和功能上，也从本应是培养法治精英和学术人才转向以提高人们的社会适应能力为目标。

这种由于社会发展所导致的对法律人才的极大需求，推动着各种法律培训机构以远远快于其他专业的速度扩张，正是在这样的一种法律教育的大众化、普及化使得我国法律人才培养由于途径的不统一而导致法律人才培养类型和结构出现一定的混乱。

1. 法学教育缺乏必要的准入制度

由于缺乏必要的准入制度和管理部门的宏观调控，伴随大学扩招浪潮，法学专业在规模上实现了跨越式的增长。部分高校盲目跟风，争相设立法学院，没有条件的也要设置法律系，导致法科招生数量迅速扩大，各种类型、各种层次的法学教育以及与此相关的培训（如司法考试培训）已经俨然成为教育市场上的一块香饽饽。这种非理性扩张显然与高校所具有的师资条件、办学设施、办学传统、培养理念等软硬件设施不相匹配，导致其输出的产品——法律人才与社会需求的距离随着时代的发展而越拉越大。过分膨胀、质量不高的法学教育使得社会对法律专业的期望值大大降低，长此以往，法律职业将难以吸收优秀人才加入，不利于推动法治建设的深入发展。

2. 多形式、多层次、多渠道法律教育的实施

20世纪70年代末期提出的法学教育多形式、多层次、多渠道发展的办学方针，在当时的历史条件下发挥了积极作用，有效地缓解了政法队伍青黄不接和人才断层的问题，形成了我国特有的法律教育体制：法律中等教育（法律中专、司法学校、职业高中）；法律高等专科教育（警察专科学校，普通高等专科学校的法律专业、政法专业，普通高等学校和政法院校的法律专科，高等教育自学考试法律大专、律师大专，新高职法律专业，广播电视大学的法律大专，各级党校、行政管理学院的法律大专，法院系统业余大学、法官学院、法官干校的法律大专、检察系统检察官学院、检察干校的法律大专，成人教育中的各种函授、脱产、半脱产、夜大的法律大专）；法律本科教育（普通本科院校的经济法、法律系，综合性大学的法律系、法学院，政法大学、政法学院中的法律本科专业，各类成人教育本科专业，包括自学考试、函授教育、广播电视、党校、法官学院、检察官学院、远程教育中的本科专业）；法律研究生教育（法律硕士研究生、法学硕士研究生、博士研究生）。多形式、多层次、多渠道法律教育得到发展。

3. 法律教育的盲目普及化

基于建设社会主义现代化国家的需要，法学教育取得了开拓性的进展，开始面向社会，为经济建设服务，培养社会需要的法律人才。但是，针对法学教育的扩张性的发展缺乏合理的制度和标准的约束以及有效的监督管理，要加强对其是否达到办学要求开展严格的监督，避免使法学院发展呈现"假繁荣"的趋势。

面对法学教育的普及化趋势，特别是面对所谓"产业化""市场化"的影响，法律教育朝着创收赢利方向发展，教育行为向商业行为方向转变。这样的一种转变也随即带来了法律教育的问题。这种普及化法律教育方式的特点，决定了它在功能上只能发挥法律知识传播和教育的作用，而不是人才的全面培养。这一点对于法律专业人才的培养来说，无疑存在缺陷，即它的功能不在于"育人"，而在于"制器"。法律职业需要的是信仰、伦理、心智、法律理论都较完善的人，是完整的法律人，而这些普及化的教育形式通常只能说是起到了传播法律知识的作用。

4. 法律教育机构的设立存在规范性

法律人才的培养原本专业性极强，对师资队伍、图书资料及其他各方面的条件要求很高，但由于种种原因许多教育机构根本不顾自身的资质、图书等各方面的条件，纷纷开办法律专业，竞相扩大招生规模，使得招生人数超出了学校在师

资方面等直接影响教育质量的硬件设施所能承受的极限。师资质量得不到保障，从而直接影响了法律人才的素质。中国法学会副会长、法学教育研究会会长、教育部高等学校法学类专业教学指导委员会主任委员曾宪义教授曾就设立法学院（系、校）、考核法学院应该有标准时谈道："国家对法学院的调控和管理坚持两方面的标准，即设立法学院的低标准和考核法学院的基本标准，如果达不到低标准，原则上不允许设立法学院。法学院设立的低标准有三个方面，法学师资、法学图书资料、法学教学形式。具体说，第一，法学师资即法学教授，目前有些法学院教师人数缺乏，三五个教师就成立法学院。按规定，一个法学院应该按14门核心课程设置，至少应有14位教师，其中教授和副教授应当满6位，且年龄在45岁以下者必须获法学硕士以上学位（非法学专业的硕士不得计入）。学术上要求每位教师均有一定的科研成果、省级研究课题；教授和副教授必须于当年在核心刊物发表3篇学术论文。第二，法学院校必须有法学图书馆。法学图书资料是法学院学习的重要条件，它是影响学生知识面、专业水平的重要因素。法学书籍总量不少于4万册，其中1990—2000年出版的法律类图书不少于2000种，申请当年前5年出版的法学图书不少于5000种，并且每种不少于3册。图书资料室面积达300平方米以上，有合理的图书管理与出借制度。第三，必备法学教育设施。如同理工科的实验室，法学专业学生也应该有专业知识运用和职业技能训练的场所。具体而言，一个法学院除满足教学必要的教室外，还要有1座模拟法庭、1间供学生上网的设有30台电脑的多媒体教室、1个专供法学学生使用的活动中心。"

二、法律人才现状

改革开放40多年来，在依法治国方略的推动下，我国逐步建立起布局、结构、层次比较完整和发达的法律人才培养体系，为建设法治和繁荣法学做出了贡献，但目前仍存在法律人才的数量、质量不能满足政法队伍建设的实际需求等问题。目前，我国法律人才的现状呈现出以下几个特征。

（一）律师职业水平有待提高

在现代社会中，随着经济的发展和文明的进步，律师在社会生活的各个领域发挥着越来越重要的作用，律师职业对社会的发展有着不可替代的影响。律师在维护当事人合法权益、推动社会民主与法治进程、促进市场经济发展这三方面具有重要意义。因而，律师的职业水平在此就显得尤为重要。目前我国律师职业水平仍然有待进一步提升。

律师职业水平有差异是自然态势，我国律师职业水平存在明显的差距，而且整体水平有待提高，这就不得不令我们深思。随着高校法律专业的普及，学法之人何其多，但是精通者却较少。另外，在法律实务中，存在因各种非法学知识而受限的情况，比如，专利代理人只对具有理工科学历的人员开放，涉外业务所需要的专业法律外语翻译等。律师职业具有很强的法律专业性和社会实践性，我们要提升律师整体的专业水平，这有利于推进法治化进程。

（二）复合型职业法律人才短缺

培养高层次复合型的法律人才是各国面向21世纪高等法律教育发展中最主要的议题，我国也不例外。每个时代对人才的需求无不客观地反映这个时代的脉络和特征，现代社会生活已经使我们切身体会到，法律正在以极快的速度不断地渗入我们生活的各个方面。现如今，许多法律问题的处理不再仅仅是一些单纯的法律问题的应对，它需要从事法律工作的人不仅具有扎实的法律基础知识，而且具有与实际问题相关的一些专业知识并灵活加以运用。可见，现代社会期待复合型法律人才。另外，我国的法治建设同样也期待复合型法律人才的出现。法律环境的建设离不开法律人才的培养，因而着重培养复合型法律人才对于推进经济体制改革、发展社会主义市场经济具有重要意义。

但是，现如今，我国不仅法律人才数量少，而且高层次、高素质、复合型法律人才短缺，单一型的法律工作者已很难适应市场需要，培养复合型法律人才成为大势所趋。金融、房地产、知识产权、高科技开发等法律业务和涉外法律业务日益激增，然而能胜任这些跨专业法律业务的法律工作者又凤毛麟角。由此可见，社会的发展需要更多既懂法律，又懂科技、懂经济、懂外语的高层次、复合型的法律人才。

（三）职业道德意识尚需强化

任何一个行业都需要有自己的职业道德，法律职业也不例外。法律职业道德的养成对于整个法律行业的健康发展具有重要的促进作用。法律职业道德是法律职业从业人员所应当遵守的职业道德规范。法律职业在我国起步并不是很早，但法律职业近年的发展与我国的法学教育一样很迅速。在这个时候需要注重法律职业道德的培养，良好的法律职业道德能够帮助法律行业在社会中树立良好的行业形象，使法律职业能够持续发展，吸引更多的有识之士加入，同时良好的法律职业道德有助于防止职业腐败、司法腐败。法律职业道德的重要性显而易见。

目前在我国，法官职业道德问题也越来越引起人们的广泛关注。人们所指责的司法不公问题，虽与少数法官法律素养不高、司法能力不强有关，但更多的则是个别法官职业道德较低造成的。个别法官徇私舞弊，枉法裁判，拿法律原则做交易，对人民司法事业产生了极大的损害。一些案件虽然不属于裁判错误或程序违法，但在某些具体的审判和执行环节上，法官司法行为不规范，引起人民群众对司法公正的质疑。少数法官不适当行使自由裁量权，极个别法官甚至滥用自由裁量权，损害了人民法院的司法公信力。少数法官职业形象意识不够强，在庭审、听证、调查、接访等工作中，司法礼仪不周，行为举止失当，群众对此有所反映。

综上，为了维护司法公平、公正的形象，我们应强化法律工作者的职业道德意识，以使其更好地为人民服务。

（四）法治人才缺乏市场导向

法治人才缺乏市场导向的一个显著表现就是法学毕业生就业市场表现疲软。随着法学院校数量的不断增加，招生人数的上涨，法学毕业生就业问题凸显，法学一度成为文科"难就业"学科之一。从新中国成立初期入读法学院校等于直接包分配，法学专业一度成了众人眼中的"香饽饽""铁饭碗"，到改革开放后高等院校实行并轨招生，法学不再包就业，再到现如今法学成为就业难的几大专业之一。法治人才培养缺乏市场导向是关键。此外，法律服务市场上对于法学毕业生学历要求不断增高，以法学本科毕业生为例，不但要面临大批的同等教育层次竞争者，同时也需要满足就业单位的诸多要求，如通过司法考试要求、英语水平要求、海外留学背景等。而即使法学本科生在这场就业季大逃杀中获得了最后的胜利，也要面临起薪不高，甚至无法满足基本生活支出的尴尬境遇。这种情况要在就业后数年才会慢慢有所转变。虽然出身于名牌大学、知名法学院的法学毕业生的境遇相对较好，但一个不可忽视的事实却是相比于人数稀少名牌大学知名法学院的法学毕业生，作为法学毕业主体的普通高校法学毕业生才是法学毕业就业的主体。

相比之下，法学类研究生的待遇会有所改善，但法学类研究生，尤其是法律硕士（非法学）而言则需要面对另外一个尴尬的问题——专业学位不被社会广泛认同，甚至引发了专业学位是否为研究生的疑虑。虽然近年来随着专业学位的普及，社会对专业学位的认可度普遍提高，但是另一个新的问题也随之产生，即许多法律用人单位招聘时要求本科和研究生学位同为法学专业，这也对法学毕业生就业产生了一定的影响。

第二节　法学教育改革的关键

一、寻找深水区改革的可选项

中国法学教育的得失成败不仅关系无数家庭的企盼，而且关乎法治中国的进程。面对法科毕业生就业的寒流遭遇，如果这样尴尬的局面不能尽快扭转，法学教育就将面临严重的信誉危机。即便是从体认学生的前途命运出发，中国法学教育亦应努力纠正自身弊端，尽快突出重围。

为此，法学教育政策层面出现过两个主要变化：适度压缩法学硕士教育，以及容许法学本科生报考全日制法律硕士。这种政策层面的变化预示着法学硕士旨在培养的学术型人才供过于求；原来作为法学本科"短训班"的法律硕士将逐步式微；各类课程的设置和教学方法将被改进或刷新，尤为明显的是，"高级法律职业教育"的概念已开始悄然进入公共话语体系，相应的法学本科和非法学本科的比例关系，随即会被重新加以调整。

显而易见，中国法学教育应当以培养具备职业能力的法律硕士为主流，已成为基本共识及下一轮法学教育改革的主导方向。诚如所述，现行的四年制本科教育无法很好地承载通识教育、法学基础教育以及系统的职业技艺训练，而研究性的法学硕士除少量毕业生继续从事教学研究外，大量毕业生进入实务部门，故宜保持甚至压缩现有规模。这样，发展具备职业能力的法律硕士即应成为主流。当然，这里的法律硕士不等同于现行法律硕士制度的"法律硕士"，而是推动"本硕贯通培养"模式，对于接受了相当程度的通识教育、法学基础教育的本科生，经过逻辑推理、分析判断、论文理解、语言表达等方面的素质考试，可提前吸纳进入硕士研究生阶段进行系统的职业立场、职业态度、职业伦理以及职业技巧的应用型专门训练，逐步地、渐进地推动法律职业教育向改革目标靠拢。

与这一培养模式相应，法学教育亦应从目前的学术型教育转向职业型教育。当前，政法机关及律师事务所的用人需求与高校招生培养制度联系不够密切，教学与实践、培养与使用的脱节等问题仍然突出。在现有教育模式下主张强化职业教育，必定遭遇不少反对，其理由是职业教育是学历教育后的训练过程，不能更多占用学生在校学习时间。显然，推行经过学生自主选择与素质考试淘汰的本硕贯通培养，相较于单纯的本科或研究生培养，可以使这一问题得以有效化解。其切入点在于，让学理研究与实用技艺的培养适当区隔，在分别发展到较高水准的基础上再融会贯通，甚至引入法律实务部门提前介入指导和管理。这里应该特别强调的当然是培养优质法律人的实务教育，但与此同时，也要防止片面追求短期功利的偏颇，更不能流于应试教育。

值得提醒的是，以往中国法学教育发展的一大流弊在于，法律人才培养的层次相当繁复。从大专、本科、第二学士学位、法律硕士专业学位、法学硕士、博士研究生，这些法科层次和类型的设置应进一步统筹规划，使设置初衷与开办实效相契合。因此，作为培养高层次法律应用型人才的本硕贯通培养模式，需汲取前车之鉴，不宜完全独立于以上类型而单独重新建制。

围绕建立一个有较长时间保障的高层次法律职业化人才培养机制，法学教育界提出了以"法本法硕"为主的"4+2"模式、"3+3"模式、"3.5+2.5"模式等改革方案，并已开始付诸试点。同时，其所引发的一连串问题也掀起热议，比如，法律文凭的辨识意义是否需要增强，法律职业教育如何避免神秘化，以及现有模式如何类型化处理等。其中，关键在于缩短试错过程，寻找出适合于中国高级法律职业教育的突破口及思路。

二、以法律职业导向为改革突破口

基于中国社会转型的现实情形，为了法治目标的实现就需要大量地培养法律技术人才而非法学家。而要培养大量的合格的法律技术人才首先必须明确现阶段的法律教育应以职业化为导向。中国的法律教育体系明显综合了大陆法系国家素质化法律教育的模式和英美国家职业化法律教育模式，属于具有中国特色的多元化的、混合型的法律教育模式。这种各层次全面培养的模式虽然先进但也存在法律教育目标不明确的不足，它常常根据社会的需要设立一些学科和学位，但社会需求出现变动后又会设立新的学位以适应需求，而对这些不同学位之间的界限和矛盾却有所忽视，这本身并不符合教育发展规律，从而导致出现问题。

法律教育分为学校法律教育、社会法律教育和自我法律教育。同时，学校法律教育又包括全日制教育和非全日制教育。为了主题的明确化本书的分析将以学校正规化的全日制法律教育为例来展开。

（一）大学前法律教育

目前中国的法律教育主要集中在大学阶段和研究生阶段，即使是这样也主要是法科学生在学习法律，而其他专业的学生对法律则知之甚少。在小学和中学阶段虽然有一些法律常识课程,但在巨大的升学压力下这些课程往往不被重视。青少年具有极大的可塑性,中小学也是其形成稳定的思维方式和行为方式的关键时期,如果在这一时期让他们大量且长期接触和学习法律知识,则很大程度上会形成"法律性心智模式"。当然鉴于此时青少年儿童的身心发展水平,可以分阶段、有步骤、分年龄段地开设基本法律常识课程,以深入浅出的故事化方式讲解法律知识,同时也可以将其作为必修科目。

鉴于人们对升学考试的重视,可以考虑将法律常识课程作为中考和高考的科目,提升其地位。如果这种尝试推行下去的话,必然会收到较好的效果。在古代的科举考试中就有将法律作为考试科目的范例,这可以说古已有之。从基础教育就广泛而又合理地讲授法律知识,这样每年中国的基础教育就可以为社会培养大量的具有一定法律意识和法律知识的人。而目前我国的学生入学率又是如此的高,加之国人对教育的重视,法律思维和法律观念必将深入人心,学生又会影响到自己的家人、朋友,从而形成"涟漪式"的效应,这必将为中国的社会转型奠定最为强大的知识准备和社会基础。

(二)大学法律教育

大学法律教育是最为经典的法学教育类型。近现代的中国法律教育深受大陆法系国家法律教育的影响,偏重于理论性的、讲授性的教育模式,这种教育模式则与中国传统的教育形式极为雷同,并与中国传统教育模式、科举制及士大夫情怀融合之后显得更加理论化、抽象化、文学化。与大陆法系国家不同,英美法系国家的法律教育比较强调案例化教学、注重实务化和职业化教育,以培养可以解决具体法律问题的技术人才为主。美国的法律教育最早是从律师事务所产生的,以学徒式的、"手把手教学"方式,直接在法律实务中学习应运法律知识处理问题的技术和方法。之后随着学徒规模的扩大才转入法学院进行法律教育,但始终是以职业化和实用性为导向培养解决实际问题的法律人才,而并不是要去培养高谈阔论的法学家。

中国社会转型的现实注定了现阶段的中国法律教育应以职业化为导向,以培养法律技术人才为目标。这与美国法律教育实用主义的倾向非常相似,中国现阶段的法律教育应当也以实用主义为导向。鉴于法律本身实务化的特点笔者甚至以为可以逐步开展"大学后教育",更好地促进我国法学教育的发展。

（三）研究生法律教育

1. 硕士研究生法律教育

中国的法科研究生可以分为法学硕士研究生、法律硕士研究生和在职硕士研究生。其中法律硕士研究生又分为法学本科法律硕士（法本法硕）和非法学本科法律硕士（非法本法硕）。在初始的定义中，法学硕士以培养研究性的学术性人才为目的，法律硕士以培养高素质的技术性法律实务人才为目的。

鉴于中国法学硕士研究生教育的目标非明确化，因此可以借鉴国外法律教育经验，以职业化为目的加强法学教育。

2. 博士研究生法律教育

法学博士作为最高法学学位，博士研究生教育自然以培养高级法学专家为目的，但不可忽视职业化。法学博士应当可以写出清晰而严密的司法判决书，论证翔实有力，层次分明。对于法学博士而言这应当成为追求的目标。传统以为法学博士纯粹在于学术研究，而对于法律这样具有明显实务化、实践性的学科，写出的严密而论证翔实的司法判决书本身就是合格的法律论文或者称为真正的法律论文。法学博士研究生需要鲜明的现实问题导向，应切实地研究和解决问题，避免空谈之风。

三、市场机制自我调整局限的应对

市场机制不是万能的，其自身带有盲目性与滞后性。市场主导模式也并不是将一切交给市场的自由主义经济模式、无序竞争模式，而应该是理性的凯恩斯主义模式，即在国家理性干预下的有序竞争。这一点已经在世界范围内得到了广泛的认同。所以教育主管部门不是也不应彻底地退出法学教育改革，将法学教育的全部交给市场进行自我调节，仅仅依靠市场驱动法学教育改革，否则20世纪法学盲目发展的浪潮将会再现，导致各大院校纷纷开设法学院这一成本低效益高的创收学科，又因师资力量跟不上、教学内容空泛，导致法学生毕业社会认可度不高。此外，出于教育自身的公共属性和法学本身的特殊属性，以市场机制调整法学教育的改革也不是将法学教育置于市场之中任由市场调控，应是在政府宏观调控下的有序市场内进行竞争，分配资源，提高生产。

（一）法学办学资质评估

提高法学教育的市场准入标准，把好开办法学教育的入口关。法学教育质量偏低的一个重要因素就在于过多过滥的法学办学机构，一些缺乏基本师资队伍，没有相应法学办学条件的学校,往往采用先上马、再调整的方式办学,课程设置不合理,人才培养目标不明确,或者虽有培养目标但缺乏切实的计划与措施。国家教育主管部门应根据法学教育的特点设置全国性法治人才培养标准,为法学教育的专业建设、课程设置、学分安排、师资配备、教学设施、质量评价等设立标准,并建立备案审查机制,对于有志申请办学的院校,应就办学的层次、目标、特色、发展等指标做出详细的规划。

(二)法学教育改革系统化

目前,我国法学教育改革缺乏整体性布局,改革在各区域各自为政,法律硕士教育改革、法学教学方式改革、司法考试制度改革没有产生联动效应,没有形成有机整体。同时,对于未来法律服务市场的发展动向关注不够。就教育改革自身周期长、反馈慢的特点而言,一项教育改革从方案设计到实施再到改革效果的彰显往往需要 5~10 年,以法律硕士教育改革为例,当前我国法律硕士教育学制为 2~3 年,从学生入学开始接受改革后的教育到毕业走进工作岗位;再到在工作岗位上验证自己的学习成果这个周期至少为 5 年,而为了形成改革前后的对比则需要至少改革前后两批样本,两批样本最短年限在 10 年。一些高校的改革缺少系统性、协同性、连续性,导致先入学一种模式,后入学的另一种模式,一届和另一届的教学计划与方案不同,采用两种不同的培养模式,导致学生对自己的学科感到混乱与迷惑。法学教育改革在一定程度上陷入了"常态化",长改却不能长治。这一方面是由于我国正处于激烈社会变革之中,需要不断调整适应新的发展,但另一方面也暴露了我国法学教育改革长远规划存在不足。下一步应确定我国法学教育发展的总蓝图,明确我国法学教育的发展方向。要明确改革是手段,不是结果,否则就会在不停顿的改革中迷失,变成为改而改。

四、有效区分"法律职业教育"与"职业技术教育"

这里所言的高层次法律职业教育是一种"专业教育"(Professional Education),它区别于职业技术学院意义上的"职业教育"(Polytechnic Education),属于高级的职业教育。

从法律职业教育的学术解释分析,专业教育意义上的职业人群,在西方传统主要是指法律人、医生和牧师三类人。他们分别对应于大学早期的三大学科,即法学、医学和神学。作为一种社会结构或者阶层,法律职业应至少具有这样的特点:第一,崇尚公益精神。借助于其职业服务的行为,崇尚为公众服务的宗旨,其行为有别于只是单纯地追逐私利的商业活动。第二，学识、技术等胜任力并举。拥有深厚的学识基础，并且娴熟于专业技术，区别于仅满足于实用技巧的工匠型专才。第三，行业的自治性。拥有对成员进行有效准入和行为控制的自治组织和伦理规范，它的职业市场受到国家和社会的承认和保护，因而区别于一般的行业。

另一个问题是，为什么采用"高级"作为概念前缀？第一，Profession 的翻译问题。由于 Profession 在中文中没有可对应的词语，因此，翻译成"职业"以后，很容易被人误解，甚至将"法律职业教育"误解为职业技术学院意义上的 Polytechnic education。到目前为止，社会学界和法学界已尽数十年之力，仍然无法找出一个较为准确表达 Profession 一词的中文词语。第二，世界范围内 Profession 内涵的逐渐泛化。随着社会的发展，特别是现代科学技术的发展、服务市场的细分，为了降低市场竞争性，赚取较为稳定的利润，各行各业都开始模仿传统的职业进行整合。比如，会计行业、房地产经纪等，开始组建自治性的行业机构，向行业成员宣传为公众服务的伦理规范，努力在社会中营造一种建立在高深学识基础上、伦理道德良好的行业形象。在此基础上，积极地游说政府，赋予其行业内部自治以及自我控制行业准入标准和行为规范的特权。在这个背景下，专业教育和职业教育之间的界限，除了社会地位和收入的差别以外，已经变得越来越模糊。尽管借助于学术性的探讨，仍可以有效区分现代法律职业教育与其他职业技术教育，但是出于描述以及理解的方便，还是采用"高级法律职业教育"的称谓较为妥当。第三，法律服务层次的多元化。这是一个多元化的时代。法律服务的层次与内容也呈现出多元化特点。法律职业作为一门古老的行业，其内部同样呈现出纷繁复杂的阶层分化，但是作为推动中国法律职业教育的突破口，改革之初尤应在培养目标上提倡"高层次或者高级"的基调。

五、加强法学研究生教育国际化

（一）培养国际型法学教育对象

教育对象的国际化主要是指对于法学生来说应该在多元文化背景中进行深造，从而更好地接受不同的思想及文化，抑或通过与不同国度、不同文化背景的法学生的交流，去认识自己意识之外的法学思想，这种拥有不同法律文化、法学思想的学生之间的碰撞是法学教育国际化发展的重要部分。同样，法学教育对象的国际化也不只是招收来自不同国度、不同文化背景的法学生，更重要的是促进他们之间的国际交流，即教育对象的"走出去"与"引进来"相结合。在涉外法律服务领域，我国真正能从事涉外法律代理的国际化人才数量还不足。现阶段大多数院校采取的都是分类教学、分班上课，这种形式一定程度上割裂了教育国际化，国际化应以交流为前提。同时，法学教育的对象也是法学教育的主体，实现法学教育的国际化要重视法学教育主体的国际化培养。教育资源以及教学学科等诸多国际化要求始终都是为促进法学教育主体的国际化而准备的。法学教育对象国际化目标的实现要求对法学教育各个阶段的教育对象设计出不同的培养方案。针对初涉法学领域的本科生来说国际化的实现应为浅层次的，主要是开阔学生的国际视野，了解不同国家的法律文化；而针对研究生阶段则应是更深层次的国际化，研究生对法学学科有了更深的认识，通过对国际社会法律环境的了解，对比分析不同法学文化的区别，找出适合自身发展的国际化方法，更好地实现法学教育的国际化发展。

（二）规范法学教育入学制度

从法学教育的入学制度上来说，生源是更好地开展法学教育的重要方面。现阶段，我国各大高校法学院的本科生招生以文科生为主，理科生占比较小，基于这种情况，对于本科生应注重文理科的共同培养，法学教育涉及生活的方方面面，需要具有不同学科背景的学生共同研究交流学习。研究生阶段相较于本科阶段相对较好，分为法学硕士、法律硕士以及非法学硕士、在职硕士等，虽然分类较多，不同学术背景的学生较多，但是在实质上所学内容又需另说。除了政法类院校对法学生的入学素质要求较高外，一般院校中对法学生的要求并不高。法治国家的建设使诸多大学法学院实施扩招计划，以提高全社会的法律意识，逐渐降低入学门槛。我国法学教育不仅要发展普通教育，同时还要培育精英人才、国际化法律人才，这点从入学制度上就应当体现出来。所以说，从入学制度上来说，还应予以规范，不能盲目扩招，单纯地扩大法学生数量，还应注重学生的质量以及不同的学术背景与学习经历。通过法学生入学制度的规范化，提高法学生素养，为更好地实现法学教育国际化储备新生力量。

（三）建设法学教育治理体系

建设现代化法学教育治理体系首先要处理好政府与学校、社会间的关系。2017年在《关于深化教育体制机制改革的意见》中提出政府应坚持放管服相结合的原则。在法学教育治理过程中，实现三者之间的平衡发展。法学教育的发展与社会变革密切相关，改革开放以来，我国法学教育体制机制得到不断深化，这也是我国法治建设不断完善的过程。在这一发展过程中，法学教育面临着不同的教学环境、政治环境，各异的教育问题在自身发展中不断解决。当前情境中，我国法学教育面临着新的挑战，国际环境发生了重大变革，法学教育也应顺应时代发展，实现法学高等教育国际化。现代法学教育体系应当是具有中国特色及世界水平的法学教育，需要强有力的制度支撑。要积极推进与实施国际化发展战略，完善与法学教育国际化发展相关的领导机制，完善国际化办学领导机制，促进法学教育国际化发展按照具体的规范切实落实，最终形成集活力、效率于一体的开放的、科学的法学教育机制。要在政府的宏观管理、学校的自主办学及社会组织的有序参与下发展具有中国特色的现代化法学治理体系，为法学教育的国际化发展创设一个有序的环境，使我国法学教育走向国际化，走向世界之列。

高等教育制度的建设受现实社会政治、经济以及价值观等各类因素的制约，法学教育的建设受社会发展的影响较大，法律法规在一定程度上具有滞后性，但法学教育本身应具有前沿性。要通过对高等教育制度的规范实现我国法学教育的系统化，完善我国法学教育体系，使其适应时代的需求，适应法学教育国际化发展的要求。我国法学高等教育国际化的发展还有很大的区域差异，要顺应时代发展实现我国法学教育国际化的全面发展还应重视其区域特性。法学教育国际化发展并不是说全部的法学院校必须整齐划一、齐头并进，而是应在统筹布局的前提下实现法学高等教育国际化的特色发展。要建立适合法学高等教育发展的地域评价体系，通过多种方式找出适合自身法学国际化发展的方法。

所谓统筹布局就是指，针对不同类型的法学院校赋予它们不同的国际化发展任务。例如，我国法学类院校大致可以分为四类：涉外卓越法律人才培养基地中的"985"工程类大学、涉外卓越法律人才培养基地中的政法类大学、具有国际化法律人才培养经验及实力的若干院校中的法学专业以及重点培育国际化法律人才的区域大学。这些不同类型的院校在法学教育国际化发展中具有重要的推动力，其法学国际化发展任务也各有不同。比如，有的任务是培养具有领导能力的国际化法学领袖，而有的任务则是培养适应国际市场的国际法务人士。要在法学教育中统筹兼顾，在法学院校之间、在不同地域之间实现一种平衡，促进法学教育国际化的全面发展。

所谓特色发展就是指，在法学教育国际化发展过程中给予法学院校更多的自主权，使其更好地结合自身优势达到效益最大化。不同的特色表现也可以体现出不同法学院校的优势所在，例如，在学科门类的划分上、在学生培养的目标上、在法律人才的培养层次上等。以两所大学为例：黑龙江大学根据自身的地理优势，针对涉俄法律人才的短缺，顺势形成了具有针对性的中俄法学联合培养模式；北京航空航天大学则根据自身的学科优势，与亚太空间合作组织、联合国附属空间科学与技术教育亚太区域中心（中国）联合开发了空间法律与政策硕士项目，项目的主要内容包括国际法与空间法以及与国际空间有关的法律制度等。统筹布局与特色发展的有效结合，使得法学院校通过自身优势提高国际化水平，同时也有利于我国法学教育国际化的发展。

第三节　法学教育改革的新挑战

一、法治中国给法学教育带来的挑战

（一）"认知偏差"和"体制缺陷"的辅正

面对法治中国建设的新挑战，今后法律职业市场的需求重点已从单纯提高法律服务产品质量，转向卓越法科人才的培养，相应的法律市场竞争的性质和产业结构的组成也会发生根本性的改变。"无形之手"不仅会更加有力地配置法科人力资源，而且会高倍速地放大卓越法科人才的知识价值。与发达国家相比，中国在新阶段法科人才基于竞争中处在资源、技术和机会不平等的前提之下，导致仍然存在不少认识上的偏差和体制上的缺陷，使得中国法学教育改革仍然面对许多新的课题。

一方面是认知上的偏差。从产业的角度看，广义上的法学教育既包括规范化和标准化的高等学历教育，又蕴含技能化和多样化的高等职业教育；从产权的角度看，法学教育既有公立大学或学院，又有私立大学或学院；从组织的角度看，法学教育既有学校教育，又有继续教育、社会教育、社区教育和社团教育等；从技术的角度看，法学教育既有封闭性的"围墙"教育，又有开放性的远程教育。可以说，现代意义上的法学教育在人们社会需求多样化和成才价值多元化的引领下，其内涵和外延正在发生根本性的变化，产业潜力和市场前景都十分诱人。然而因为原有理念的长期束缚，中国法学教育存在着比较严重的认识偏差：一是简单地视法学教育为服务和保障政治或经济的工具；二是将法学教育机械地定位在意识形态领域；三是狭隘地认为法学教育投资主体只能是国家和地方政府，盲目拒绝和排斥非公有制投资主体；四是法学教育指导思想上重知识传授、轻技能培养，重智力开发、轻性格养成，重偏科独进、轻全面发展，重理论研究、轻实

践应用。这些认识上的偏差一定程度上阻碍了现代法学教育市场的形成和产业化进程。

另一方面是体制上的缺陷。当代中国法学教育的起步是建立在以组织动员为行为特征的计划经济基础之上，在短缺经济时代曾为社会主义革命、建设和发展培养了急需的法科人才，特别是改革开放以后，恢复重建的法学教育为保障国民经济发展做出了重要贡献。随着市场经济体制的逐步建立和知识经济的风起云涌，法学教育在体制上的缺陷逐渐显现。一是缺乏高效的投入产出机制和产业通道，法科人才和知识供需失衡。部分高等学校培养出来的法科学生不能迅速适应市场经济的发展需要，法科毕业生社会化的周期延长；同时，法学科研成果不能及时地转化为现实生产力。因而，法律人力资源浪费现象较为普遍，有效知识利用率也很低，用非所学即为表征，导致法学教育在为市场输送高质量的法科人力资源方面并没有发挥出全部的作用。二是投资主体单一。包括法科机构在内的整个高等教育总体上都是由国有资本投资控制的，产权的垄断性和单一性始终没有发生较大改变。民间资本进入教育市场的严格控制政策在一定程度上遏制了国民经济投资需求的增长态势，还减缓了高等教育产业化的进程。也从一定程度上阻碍了经济全球化过程中高等教育市场和教育规律的有效对接，最终可能导致包括法学教育在内的重塑高等教育机会的丧失。三是通盘意义上的法学教育没有系统而合理的结构体系。国民经济发展对法科人才的需求是多种多样的，不仅要有智识型人才，还要有技能型人才。然而，中国的法学教育基本上以正规的学历教育为主体，继续教育意义上的职业和技能教育长期处于从属地位。同时，法学教育不单缺乏内在互为关联的系统结构，而且在布局上既没有量的规模优势，又没有质的集中优势。所以，法学教育有完整的机构，却没有完整而错落有致地形成有效分工和运作的体系。四是法学教育机构缺乏办学自主权，招生制度存在一定的僵化。从决策的角度看，市场经济可以视为分散、自主决策的经济制度。既然中国选择了市场经济，那么法学教育也必须纳入其框架，在充分尊重市场规律的基础上谋求发展。它要求法学教育机构在招生制度、分配制度、教学制度、科研制度、投资制度等各个方面必须具有市场适应性和管理弹性，以便培养更多的法律职业适用人才。而现今法学教育与市场规律的要求相去较远。扩大法学教育机构的自主权不仅是市场的要求，更是法治中国建设的最新要求，因为法律人才的竞争在不断加速，需要迅速对市场信息做出敏捷的反应和准确的判断，这是原来的法学教育计划管理体制做不到的，只有不断扩大法学教育机构自主权，中国的法学教育体制才更具有灵活性和生命力。

（二）谋求国际化的涉外法科人才培育

法治中国建设特别提出了创新法律人才培养机制，建设通晓国际法律规则、善于处理涉外法律事务的涉外法律人才队伍。目前面临的严峻局面是，日益变幻的全球市场已使许多有形的边界开始模糊甚至消失，区域性和世界性联盟渐成为一种潮流。在此基础上，全球商品、资本、人才的流通不断得以加强。然而，由于种族和国家的文化差异及根本利益的冲突，全球市场始终充满着白热化竞争，这无疑使得正在努力谋求国际化的中国法学教育发展处于更加激烈竞争的动荡和不安之中，迫切需要更加努力实现更多通晓国际标准和规则的涉外法律人才的重点和均衡培养。

面对全球经济一体化的时代，整个国家和民族的法治化程度不仅是整体人类社会可持续发展的重要资源，而且是不同世界、不同国家实现均衡发展、全面进步的标准和尺度。对于像中国这样一个比较典型的发展中国家来说，法治化程度首先取决于拥有国际核心竞争力的法科人才培养体系的构建。由于起点的差距，发展中国家若不能及时在跟进和瞄准国际标准和规则上储备涉外法律人才，以此着手制订跟进和赶超战略，同时推进加以有效实施的话，那么我国的国际地位也将受到影响。因此，在中国下一轮的涉外法律人才培养计划里，打造时间的稀缺性将取代其他资源要素的稀缺性，培养速度的经济性将取代数量的经济性，而这两个因素正是决定法科人力资本边际收益递增规律的根本因素。

二、科学技术大发展给法学教育带来的挑战

21世纪将是科学技术空前大发展的时代，其基本特征主要有二：一是高科技迅猛发展；二是各门学科在分化基础上的渗透性与交叉性日益增强。国际社会的竞争实质上是科技与人才的竞争，归根到底是教育的竞争，科教兴国已成为我国现代化建设的一个重要战略。可见，科技与教育有着不可分离的内在关联，科学技术与学科发展的新特点与新趋势对法学教育发展产生着重大的制约作用，既对法学教育的发展提出了新的问题与挑战，也为法学教育的发展注入了新的希望与活力。

高科技的发展要求法学人才的素质必须达到更高的规格和标准。法学教育无论是在法学人才的法律知识与相关知识基础上，还是在其实践能力与主动性、创造性品质的塑造上，都受到科学技术发展速度与水平的极大影响。例如，随着计算机技术的迅猛发展和网络时代的到来，以计算机为工具和以计算机为对象的犯

罪大有愈演愈烈的趋势，一些不法分子侵入计算机信息系统，篡改计算机数据，传播计算机病毒，利用计算机进行诈骗、盗窃、侵占、贪污、纵火等犯罪活动。近年来，还出现了隐蔽性更强、破坏性更大的网络朋客和网络黑客。这些既严重扰乱了正常的经济交往与社会秩序，又给现行的法律制度和法学教育敲响了警钟，现有的著作权法、刑法及公平交易、商业秘密方面的法律规范正受到猛烈冲击，法学人才的知识结构及实践能力必然要随之更新与提高，法学人才既应具备计算机专业技术知识，又应掌握防治各种计算机犯罪的法律专门知识，并能够将两者有机地结合起来，灵活地加以运用，否则我国的法学教育必然无法面对网络时代与信息革命的挑战。

日益涌现的高新技术要求法学人才具有及时吸收新知识的灵活反应能力和不断掌握新的获取知识的方法的能力，以及创造性地、多思路地解决问题的能力。而这些能力涉及知识内容的深度和广度的拓展、能力素质结构和内容的重组更新等各个方面。所以调整现有法学教育体制，更新法学教育内容与手段，培养学生的观察力、想象力、分析力、综合力尤其是创造性思维能力，以及教育他们掌握丰富的理论知识，使其既懂法学专业知识，又具备其他学科知识，并因此而形成文理渗透、学科相互交叉的教育渠道，使法科学生成为复合型的专门人才。同时，也只有这种法科学生，将来才能承担历史赋予他们的重任。

法学教育还面临着学科交叉与渗透带来的挑战。首先，是对学科界限的挑战。起始于高中教育阶段的文理分科是中国教育的一大特征，而大学法学学科的划分又是文科的一个分支，其课程设置、教育内容与培养方式都有别于其他学科，这本无可非议。问题是一定程度上学科之间的划分过于清晰、界限过于森严，部分学文科的不懂理科知识，学法学的不懂文科中其他学科知识，一个出色地完成了法科学习任务的大学生难以适应社会大变革和科学大发展的要求，这便成为学科渗透向我们提出的忠告。其次，是对专业界限的挑战。同属法学专业教育系列，由于专业设置过细，导致受教育者知识面狭窄。这样的专业课程安排不仅适应不了文理各科相互结合的要求，就连法学学科内部诸课程与方向的沟通与交流都很困难，何以能应对纷繁复杂的法律现实呢？最后，是对学习方法的挑战。传统法学教育的教与学的方法主要是讲授、记忆与理解。对于法律问题进行多学科方法论意义上的剖析与论证则是学科渗透对法学教育提出挑战的症结之一。如何将纯粹思辨与经济学、社会学及自然科学方法等有机结合起来，以复合型方式塑造复合型人才，是能否回应挑战的关键。

三、知识型社会与个体成长需求带来的挑战

知识经济作为一场经济的新革命，不仅将引起整个社会的全方位的变革，而且对生活在社会中的每个人来说，也会产生深刻的变化。

可以说，知识经济赋予了"知识就是力量"这一古老命题以崭新的时代内容和经济内涵，当经济发展从传统的资源依赖、劳动依赖、技术依赖转移到知识依赖时，经济发展的水平和质量就将取决于知识的生产能力、知识的积累能力、知识的获取能力、知识的应用能力特别是知识的更新能力。

在一个知识型的社会中，知识拥有者将占据经济发展的主导地位。历史上，拥有奴隶的奴隶主、拥有土地的地主、拥有资本的资本家及官僚都曾因掌握着关键的生产要素而控制经济发展的命脉。而在知识经济时代，谁拥有了先进知识，谁就成为经济生活的主导，从这个意义上说，知识经济可谓是智力本位的时代，这种智力本位的经济意味着知识分别作为生产要素、媒介和产品贯穿在整个生产过程之中，它要求参与生产的劳动者都是一定领域的知识分子，由此导致人才竞争在知识经济市场竞争中占据了主导作用。这是智力的竞争也是一场没有硝烟的战争。一方面企业与企业之间存在着人才争夺的竞争，另一方面人才与人才之间也存在着一刻不停的竞争。这样，无论从知识参与生产的程度还是人才竞争的激烈程度来看，不断学习已成为工作的必需，教育尤其是素质教育显得更为重要。可以毫不夸张地说，知识经济的社会就是一种广泛学习型的竞争社会。不学习就意味着竞争力的下降，甚至意味着淘汰出局，因此，终身教育的观点正为越来越多的人所接受，持续不断地学习也正成为个体成长的内在需求。

在这一过程中，教育的发展被赋予了新的内涵和地位，并将起到关键的作用。教育既是知识生产、积累、使用的主要手段，也是经济发展转向知识依赖的根本途径，更是知识向经济融合的桥梁，从这个意义上讲，知识经济也可视作以教育的发展为基础的新型经济形态。

更进一步考察不难发现，21世纪教育已成为事关经济发展全局的先导性和基础性的知识产业。教育不再只是产业链条的一个先期环节，更是事关各产业链顺利发展的基石，它不再是单方面的影响，而是全方位辐射型地制约着经济的发展。知识的创新需要教育，人才的培养需要教育，信息的传递及示范也需要教育。知识经济需要一个知识化的社会构架和不断学习的运行模式，这都需要通过教育得以支撑，通过教育不断更新观念，以寻求新的生存空间和经济增长点。所有产业都必须以先期教育为前提，也同样必须以同步教育来支撑。因此，教育已不再局

限于一个部门或一部分人群，也不再局限在一个人的某一段时间，而是"全民教育"和"终身教育"相结合的全方位立体式的大教育。

在当今时代，教育投入对经济增长的贡献率，也就是人力资本的贡献率，已超过物力资本投入的贡献率〔按舒尔茨（Schultz）的计算，美国国民收入中物力资本的贡献率为25%，而人力资本的贡献率为75%〕，大力发展高等教育已成为当今发达国家实现经济增长的重大战略。据测算，美国1929年至1969年的40年间，高等教育的投入经费增长了40倍，导致GNP增长10倍。因而20世纪80年代以来美国历届总统都十分重视教育发展，布什（Bush）自诩为"教育总统"，制定了2000年教育计划，克林顿（Clinton）坚持布什的教育政策，也十分重视抓教育。有学者对中国20年来经济快速增长的各个因素进行了考察，其中，资本投入仍然是经济发展的主要推动力，资本产出弹性系数为0.1426，而教育投入的产出弹性系数为0.0417，这其中基础教育为0.0333，高等教育仅为0.0084。若再将劳动力产出系数0.1622也考虑到，这说明，中国经济增长方式的根本转变在于发展教育，特别是高等教育。考虑到大量过剩的劳动力的培训和教育，中国经济走内涵式发展道路的根本途径在于发展教育产业。

随着工业经济向知识经济的过渡，信息、知识、教育等新因素在经济发展中的作用越来越突出，并逐渐成为知识经济发展中的关键因素，导致产业概念、产业理论出现新的变化。信息、知识、教育等新因素从第三产业中独立出来，广义的知识产业，我们也可以将此称为真正意义上的第四产业。

这虽是一家之言，却也道出了教育作为整个知识经济工作母机的地位，它的发展状况直接制约或刺激着经济的发展，所以，必须将此作为基础产业优先发展。

为了适应新经济的发展要求，我国的教育形式也必然发生变化。我国的教育，主要是以近代工业文明为背景而建构起来的分科教学，但当人类社会进入信息化时代后，这种教学形式已面临着严峻的挑战。有人在分析世界前500强企业排行榜中排名变更的情况后认为，从20世纪70年代开始，入围这一排行榜的企业变化很大，诸如微软、戴尔等以知识资本为主导的高科技企业迅速崛起，而以实业为主的那些巨型企业则陆续被逐出排行榜。以知识资本为主导的企业，极为强调知识的综合与应用，这些企业也不再按传统的工业进行分类。由于经济全球化、信息化的程度将得到进一步的加强，所以分科教学这一传统模式的彻底改革已迫在眉睫。

四、经济全球化给法学教育带来的挑战

21世纪经济发展上的一个显著特征就是各国经济国际化和世界经济一体化的加剧。世界各国在市场、技术、资金与人才诸方面相互依存与彼此渗透，共同处于全球经济统一体系之中，那种自给自足、闭关锁国、与世隔绝的经济发展模式已不可能存在。各种地区性经济合作组织和国际性多边经济贸易体系不断出现并日益向外拓展，越来越多的国家已经并将更大程度地被纳入经济一体化的进程之中。经济的一体化、全球化并不单纯地影响到经济活动本身，它必将对整个国家生活和社会生活的各个方面产生深刻的影响。高等教育包括法学教育无疑也会随着经济全球化的发展而面临更大的国际性和区域性的挑战，同时也会获得一次难得的发展机遇。

一是对法学教育模式的影响。经济全球化是以本国法律同国际社会通行做法接轨为工具和载体的，这必然对法学知识的传播与人才培养的模式产生广泛影响。法学教育模式主要有职业教育模式和通识教育模式两大类，前者即以培养熟练地运用法律知识处理具体案件的律师和法官为核心的实用主义模式，旨在造就"法律工匠"，后者在于提高学生素质和能力。就方法模式而论，主要有案例教学方法和逻辑论辩方法两类。这些模式曾是经济全球化趋势中第三世界国家向西方国家借鉴法律改革和法学教育发展经验的主要内容。我国的法学教育也不例外，既有来自不同政治背景与意识形态的冲击，又有国外教育模式在形式和技术上的积极影响。

吸收和借鉴他国法学教育的优点来弥补自身之不足，扬长避短，而不是生吞活剥，成为我国法学教育在经济全球化过程中必须正确解决的重要问题。从教育导向上看，"西方法律中心论"与"本土法律中心论"对法学教育的指导思想发生着正反两个方面的冲击；从教育模式上看，是模仿甚至照搬国外法学教育的体制与模式，还是固守传统的"四三三"式（即四年大学本科、三年硕士研究生、三年博士研究生）教育模式及既有教育方法，这是需要考虑的问题。对此，法学教育必须正视并做出理性的回答。尽管近年来已做了一些有益的尝试，如法律硕士学位研究生的培养，但这毕竟只是初步的，而且处于起始阶段。如何审慎而全面地处理这个问题，仍是法学教育在经济全球化时代面临的紧迫课题。如果不能科学地解决这个问题，那么中国的法学教育要么就会为经济全球化所吞没，要么就会因其对外的拒拆性和离异性而失去生命活力。总之，如何处理法律发展与变革过程中自主选择与强迫接受、借鉴移植与盲目排外、一元中心与多元主义、单

向发展与综合发展的关系，是经济全球化背景下法学教育所面临的挑战与机遇的重要内容。

二是对法学教育目标的影响。经济全球化必然使法律知识与经验的交流超越国界，经济法律行为及由此引起的各种法律关系的跨国性和国际性与日俱增。这便对法学人才的素质结构提出了新的要求，越来越多的学生必须拥有国际法律知识与经验才能适应经济全球化的现实。如果只掌握国内法律知识体系而对国际社会的法律规则和国际惯例不甚了解甚至一无所知，就无法在就业市场上获得成功，更谈不上跻身于经济全球化浪潮的前列。尤为重要的是，对国际法律的实践能力即运用法律知识来分析、处理复杂多变的具体涉外关系的综合能力，应成为法学人才的一项重要素质指标。

总之，经济全球化以国家法律的开放性、国际惯例与国际法律的普遍适应性为内容，对法学人才的素质在广度和深度两方面提出了新的要求与挑战。同时，也会导致培养对象的素质结构及由此所涉及的培养机构的组合形式与课程的体系结构等诸方面冲破单向、封锁与程式化的传统束缚，为法学人才素质的综合发展与全面提高提供良好的机遇，为实现法学教育机构与人才的对外交流合作与开放创造良好的条件。

第四节 法律人才培养模式的缺陷

一、培养目标泛化

培养目标是教育目的的下位概念，体现的是不同性质及不同阶段的法律教育目标。培养目标是培养目的的具体细化，法律人才的培养目标具有多层次、多样化的特征，但是由于各所高校层出不穷的标准，使得法律人才的培养目标泛化。有学者提出，我们需要的是单一层次的法律人才，即受过系统的大学法律教育并受到良好的职业训练的合格人才。法律不仅仅关注正义观的形成，更关注能否将正义理念接力和传递下去，影响更多的大众。还有学者从知识、能力、素养单个方面去设定法学本科教学的培养目标，要求培养出来的法律人才是基础扎实、专业面宽、素质高和适应能力强的高级法律应用人才。相关学者认为，目前我国法学本科的教学是严格按照素质教学与通才教育设计的，法学本科教育的产物主要是司法工作系统的人员，包括律师、法官、检察官。同时要为法学硕士教育提供人才，为政府机关政策研究提供卓越法律人才，为企业提供服务人才，要为法学研究不断提供高素质、高质量的多方位人才。法学本科教育要培养"通用型、法律交叉型"人才，使得法学本科能成为法学教育培育的第一步，也是打下基础的第一步。

应该明确法学教育所欲达到的目标，培养目标应该精益求精，不能局限于某一个领域或者某一个片面的角度。各个高校制定的目标应该根据自己的实际需要，切不可人云亦云，跟风随大流。要实事求是地做好自己的本职工作，对自己的发展目标有具体细化的规定和具体的实施举措。需要说明的是，即使各个高校制定的培养目标不尽一致，但是总体上的终极目的都是一样的，专业在于专，在专业的同时注重多方位发展，抓住主要矛盾、兼顾次要矛盾的发展模式应该成为制定培养目标的导向。我们只要精确了目标，防止目标泛化的危险，就能在原来的基础上跨出一大步；只要能将精心制定的培养目标具体落到实处，卓越法律人才培养就具有巨大的意义。

二、重理论、轻实践

法学是一门注重实践的科学，但是因为受到传统的教育模式的影响，现在的法学教育存在重理论、轻实践的问题。如今，实践教学和理论教学存在严重脱节的情况，在大学的大部分时间里面，都是以书本上的理论知识学习为主，期末考核也是考书本上的内容，学生中存在平时不认真学习考试才突击的现象。这种以书本开始又以书本结束的教学方法影响到了理论教学和实践教学的平衡发展。而在最后一年当中安排的实习，实际也是强调从实践中去感悟，获得经验，没有和理论课上获得的知识取得较为密切的联系。这样的状态基本上是效果欠佳的。因为传统的教学模式已经不能满足现在的教学需要，即理论联系实际、理论指导实际的应用。我们要把实践中获得的经验内化为理论问题，并进行较深层次的研究。我们还应该有目的地学习理论知识，并且有目的地从事实践活动。在实际当中，毕业生实习也好，在校生暑期实习也罢，其实习的效果得不到很好的保障，很多学生总会在毕业之后得出这样的结论：这几年在学校学的理论知识都浪费了，在司法实践中或者审判当中根本不是这样的。在当今的社会存在这种现象实质上是一种进步的表现，因为我们在发现问题，也就意味着我们可以凭借一些措施来改善教学环境，从而获得进步。形成这样的结论可以说是法学界的一种进步。既然能发现问题，我们就应该及时解决，而不应该试着逃避这样的严重问题。这个问题的根本原因就在于法学学科理论教学和实践教学没有找到更好的结合点，没有找到一种能够更好地协调理论教学和实践教学的教学方式。如果在学校学习的理论知识能够掺入一部分实践的因素（就如不要将学校的考核全部重心放在试卷上，因为这样会必然地导致学生的应试心理，从而使得实践的能力培养落空），如果在校外实习期间能够让学生回归课本教学（如就近期审理过的案件或者律师手头上存在争议的案件组织一堂学习课，提升司法工作人员的理论水平），那么这样的问题将得到比较有效的解决。

另外，重理论、轻实践还有教师本身的原因，在校的很多教师只从事理论研究，对实践能力的培养不够重视，相对来说缺乏实践经验。在国外，法学教师尽管不从事兼职律师的工作，但是大多有从事法律执业的背景，有的是律师，有的是法官。因为他们比较熟悉业务，所以不管是实际生活中的法律问题，还是实际审判过程中的程序问题，都能比较好地解决。虽然占主导地位的教学方式是理论教学，但是很多法学教师也从事律师工作，有很丰富的办案经验。但是，我国大多数法律院校的大部分教师来自法律学院，是从本科生、硕士生、博士生一路走来的，或许他们对理论教学有独特的看法、独特的眼光，也许也已经通过了司法考试，但是大多实际办案的经验不足。尽管有些教师在外从事兼职律师的工作，但是他们更关心的是学术，而不是实践。可以说，一定程度上在外兼职律师形同虚设，不能真正地反映教师的实践能力。还有就是培养计划为实践教学提供的空间非常有限，在目前各大法律院系的法律培养计划中，实践环节的学分占比远远低于理论课程，而且实践教学往往被安排到最后一个学期。这样的安排似乎合理，但是实际上，大部分高校对于毕业实习心有余而力不足，难以发挥毕业实习的真正作用。

三、实践教学方面存在问题

（一）实践教学时间少

当前，我国法学课程的开设主要以部门法学科为划分标准，或者以国家颁布的主要法律为标准。这种课程设置方式，主要以传授法律知识为主，实践性相对不足。从教师队伍看，绝大部分的教师都是从高等院校本科或者研究生毕业后直接从事教学工作的，并没有在法院、检察院、律师事务所工作过，缺少丰富的实际工作经验。在教学过程中，更多地注重理论上的研究，而没有从法学学科本身的实践性出发，来训练学生的实践能力和操作能力。法学本科的实践教学主要靠的是毕业前两三个月的毕业实习（实习的场所一般都安排在法院、检察院系统或者法律服务机构）。这种毕业实习是十分必要的，能够使学生亲身体验到司法工作的实践过程，但它也有缺陷，毕业实习前，大多数学生对人民法院、人民检察院及其法律服务等的机构设置与工作程序并不了解，而且毕业实习的时间又非常有限，学生只能走马观花地了解一下，这不符合理论知识转化为实践能力所具有的渐进性、反复性的规律。除毕业实习之外，三年的教学实践环节，教师指导也在一定程度上缺乏系统性、科学性和计划性。

（二）教学内容缺乏系统性和规范性

虽然法学专业实践教学环节形式多样，但是大多数的院校主要都停留在毕业实习、模拟审判、法律咨询、旁听审判等几个形式，教学范围过于狭窄、内容不够系统，其中，一些实践环节是否能够进行随意性很大，一些学校虽然开设了法律诊所课程，但是由于师资力量和物质条件有限，只能招收极少数的学生。这样就使得教学实践环节不够全面，没有形成一套完整的实践教学链，这就影响了对学生综合素质的培养，特别是对学生创新精神的培养。法学实践教学环节，缺少像理论教学环节那样成熟、系统的体系和规范，国内的法学院校对实践教学虽然已经有所重视，但是实施的情况并不均衡，整体上仍然处于一种不发达的状态，缺乏可以借鉴和推广的成熟经验，大多数还是处于自我研究、自我实践的初级阶段。现阶段的教学目标往往对教学的内容规定比较细致，教育部等部门出台了诸多关于教学内容的规定性文件，而对实践教学则没有明文规定，这就使得实践教学缺乏一定的系统性和规范性。

（三）实践教学方式单一

目前，实践教学的方式比较单一，综观各大高校，实践教学环节主要是在最后一个学期，包括社会调查、模拟法庭、毕业生实习论文以及毕业论文等。尽管教育部高等学校法学类专业教学指导委员会制定的人才培养计划一级指标中列入了实验教学的方案，并把案例教学、模拟法庭演练作为子指标，但是实际上的落实并没有得到想象上的重视。在这个问题上，可以组织开拓另外的实践教学方式，比如，证据实验、侦查实验等，增添实践教学的方法。除了实践教学方式单一之外，理论教学方式也较单一，绝大部分高校的法学教学都是采用教师讲授、学生听讲的传统的教学模式，和中学的教学差别不大，有的教师甚至讲课直接对准课本念，既不能达到让学生独立思考的目的，也不能达到让学生思维创新的目的。对于理论教学而言，这着实不该。理论教学作为如今法学教育的主要培养模式，要全方位、多角度地去改变学生的学习方式，要力求培养学生的法学素养，要让学生懂得利用自己学到的理论知识指导自己的行为并且能影响他人的行为。理论上的思考是理论教学方法要达到的目标，如果教学方式过于单一，势必会影响到学生对法学的发散性思考。教师的作用除了传道、授业、解惑外，很重要的一点就是学会如何更好地将理论知识以更好的方法让学生自己领悟。

可以说全盘否定课堂讲授针对的是传统意义上课堂"灌输式""注入式"的讲课方法。传统的课堂教学是说教式的教学模式，也就是课堂教学注重知识的灌输、理论的传授。这种教学模式当中，教师一直处于主导的地位，学生一直处于被动的地位，教师充当着权威的角色。这样的教学方式虽然在学生领悟知识层面起了一定的作用，但是同样也扼杀了学生的思维想象空间。而这个被扼杀的想象空间，是法科生所不可缺少的品质。

（四）实践教学缺乏条件支持

实践教学对于教学的投入有着更高的要求，资金、场所等就是现阶段制约实践教学发展的一个重要环节。部分法学专业实践教学环节，都存在着实践场所少、实践活动经费难以保障的问题。同时，实行实践教学，需要配备一批达到相应教学要求的教师，要求教师既能贯通理论从学术的角度来指导实践，又能在实践中熟练、规范地进行法律执业的操作。教育部门对实践教学的投入在一定程度上跟不上实践教学的需要。现阶段教育部门对学校法律实验室的投入，只是一个学校建立 1~2 个实验室，配备的实验设备也是十分有限的，学校利用实验设备的次数也是有限的，学生较少能够接触到真正的实验。在进入实验室进行实践学习的时候，也往往会出现教师讲授为主的情形，学生动手实践的机会较少。在现实生活中，法律条文的分析必须与事实的认定、利益的冲突、人际关系的处理、特定的文化和道德风尚以及种种社会状况相互联系。这就对实践指导教师提出了更高的要求，要真正地做到这一点，则需要教师投入相当多的时间和相当大的精力，但是现有职称评定制度主要以科研成果为衡量标准，这就很难使教师在实践方面投入充足的精力。所以，只有加强投入，并且获得相关的条件支持，才能保证实践教学的正常开展。

（五）管理和监督机制不健全

严峻的就业形势对法学专业的实习造成了一定的冲击，法学专业的实践课程大多集中在第四学年，而第四学年恰恰又是学生就业、考研，以及各类考试较为集中的时候，学生在这时往往抱着应付交差的态度来对待实习。因此，使得法学院校在管理上和监督上流于形式，疏于对学生实习进行严格要求。对于大多数的高校来讲，学生的法学实践活动都不存在硬性的规定和严格的考核标准，至于学生参加多少次法学实践活动，实践的效果如何，基本上全是靠学生的自觉，有的学校虽然通过出勤等德育考核指标来加强对学生法学实践的管理与考核，但这些指标多数不够科学，不同学校法学实践教学的目标也有差异。法律实践的监督部门往往只有学校，而社会上对这种实践活动的监督、管理机制并不是很健全，考核、评价的体系也有待完善，学生也正因为这种情况而对实践活动不够重视。因此，如何建立一套科学有效的法学实践教学考核与评价体系，是法学实践教学迫切需要解决的一个问题。

四、课程体系设置不尽合理

纵观高校法学本科专业法学课程，我们可以看到，一般设置了必修课、选修课、实践教学环节等课程类型。在具体科目上，统一开设了按照教育部高等学校法学类专业教学指导委员会划定的14门核心课程：宪法学、法理学、民法学、刑法学、民事诉讼法学、刑事诉讼法学、行政法与行政诉讼法、中国法制史、经济法学、商法学、知识产权法、国际法、国际私法、国际经济法学。此外，大多高校还开设有合同法、物权法、婚姻法与继承法、公司法与证券法、保险法、仲裁法、财税法、劳动法、环境保护法、证据法等一些科目。这些课程的设置，构成了一个相对完整的法学学习体系。然而，培养目标的不确定性导致了课程体系的设置存在一些不尽合理之处，主要有以下几方面。

（一）课程教学顺序安排不合理

比如，大多数院校的法学院系将法理学这门课程安排在大一，这对刚刚高中毕业，没有任何法学知识背景的学生来说难度极大，理解起来相当困难，容易使学生产生焦虑或者厌倦的情绪，从而失去学习的兴趣，这会给以后的法律教学带来很大的不利影响。所以法理学最好安排在学生学习了众多的法律基础课之后，这样学生比较容易理解和接受，对法学的本质会有一个更高的认识，同时也符合由易到难的教学规律。

（二）课程比例设置不合理

一是理论课与实践课的设置比例不合理，法学院系本科课程包括课堂教学和社会实践两大部分，其中课堂教学是主要形式，占了本科学习的绝大部分比例。以吉林大学为例，吉林大学2008年法学本科生培养方案中规定法学专业总学分为156学分，专业实践环节为16学分，其中读书报告为1学分，学年论文为2学分，毕业论文为8学分，业务实习为5学分。在这些实践教学中，真正对学生实践能力培养起作用的是业务实习，该项目只占5学分，约为总学分数的3%，其他法学院系也大抵如此。这种模式培养出来的学生，相应的实践能力存在不足，不能尽早进入法律角色，这不能不说是我国高校法律教育的失败。二是选修课外延不足，在当下社会关系日益复杂化、涉外交往日益频繁的形势下，法科学生仅具有法学知识远不足以处理复杂的实际案件。因此，在选修科目上增设诸如外语、经济等专业内容，赋予学生根据个人发展及社会需要自由选课的权利，以拓宽学生知识面，提升就业实力。

（三）缺乏科学、完备的课程设置

法学课程设置影响着一个法学院的教学质量，即使学生再优秀，教师队伍再强大，如果不具备一套科学、完备的课程体系，那么将无法实现法学教学的目的。我国许多法学院系中存在课程设置的诸多问题，本科生阶段的法律教育直接面对的是刚刚迈出中学校门的高中生，他们在知识结构、价值观念、社会经验等方面尚未成熟，为此在各个学校的本科阶段开设了很多人文类的选修课和相关学科的通识课程，如"法学导论""法律讲堂"等，但是这些选修课的授课核心和法学的理论教程存在比较大的差异，如法理学相对于哲学，宪法学相对于政治学，民商法相对于经济学等。在给学生规定的14门核心课程之外自由选择的选修课，其核心不能只是流于表面，只为学生的兴趣而设定，针对法学学生，选修课的设定应该和法学素养的培育具有相辅相成的关系。如设立法律逻辑学、犯罪心理学、民法案例研习、刑事法务实训、法学方法论、法律哲学等诸如此类的能够促进学生法学思维培养和法学素养提高的选修课。

（四）考察方式不完善

本科法学教育的考察方式主要有校内专业理论考试和国家统一司法考试，这里着重说的是校内专业理论考试。中国自古以来形成的"守成教育"传统就决定了考试制度更看重知识的记忆，法学教育受其影响很大，因此，校内考试就是在学完某门课程后，学生参加一次院系组织的闭卷考试或提交一篇结课论文。法学是一门实践性很强的学科，更讲求知识的灵活运用，很难实行有效的、标准化的书面考试。依靠单纯的理论知识记忆考核，根本无法真正促使学生掌握扎实的理论知识和过硬的实践技能。法学专业本科毕业生要想从事法律行业工作，通过国家统一司法考试是第一道门槛。现在国家统一司法考试报名条件放宽至允许在校大四学生参加考试，但只有少数应届毕业生能顺利通过，取得法律执业资格。部分学生因国家统一司法考试未通过，加上缺乏实践经验，更难获取就业机会。司法考试低通过率在一定程度上也反映了学校现行的专业课程考试设置存在一定的不合理。

五、缺乏对法律继续教育的重视

（一）法律继续教育流于形式

法律继续教育的受教育者，大多是从事法律职业的在职人员。这类人员已经通过了国家统一司法考试，并在法院、检察院、律师事务所等法律部门从事相应的工作，多数单位因为种种原因，往往使得在职人员产生这样一种想法，就是在工作岗位上需要的知识，自己都已经熟练地掌握并且能够很好地运用，而对于晋升培训和在岗培训的学习劲头不足，造成了所学的知识不扎实，以前学过的知识又因为长时间没有复习，而不能及时地反映出来，这就使得法律受教育者对晋升教育和在岗培训的重视程度不够。

对于法律在职人员的晋升培训和在岗培训，法律工作者的工作单位和学校一般只有书面上的文件规定，而对于法律工作者是否按时到学校上课，是否按时参加实践活动，是否按时完成毕业论文的写作，学校和单位监督管理不是很严格，这就使得法律在职人员的继续教育出现了形式主义的培训方式，使得实际参与的程度不足，法律在职人员培训成为"纸上谈兵"的教育。

（二）缺乏对法律继续教育的投入

现阶段的法律继续教育往往只重视了法律理论知识方面的投入，而对于法律技能培训、法律教育场所和资金方面的投入还是比较欠缺的。我国的法律继续教育，主要是在普通高校教育的基础上，对法律工作者进行晋升培训和在职培训，往往只能运用普通高校节假日，或者其他的空闲时间进行教学培训，不能形成连续的、经常性的法律教育。而学校如果进行日常的庆祝活动，就使得法律工作者培训场所不能得到很好的保障。培养经费投入的不足，也成为制约法律继续教育发展的重要瓶颈。法律继续教育的培养经费往往是有限的，这就使学校在招收学生、设置法律课程、选用教材和教学实验上受到了一定的局限。法律工作者的工作单位对其进行法律继续教育的投入也是十分有限的，他们更重视法律工作者给工厂、企业所带来的经济效益，忽略了他们知识、技能方面的提高，对于提高法律工作者整体素质的法律继续教育，没有将其作为一项基础性的建设，没有把提高人口素质和促进可持续发展联系在一起，因此，在强调基础性建设的同时，忽略了对法律继续教育的投入。当前，还有不少的人认为法律继续教育是家庭和学校的个体行为，而不是一种社会和政府行为，没有认识到法律继续教育在经济、社会发展中的重要作用。正是因为法律教育资源投入的不足，以及人们认识上的偏差，导致我国的法律继续教育一定程度上在一种简单的、低水平的轨道上进行往复运动。

（三）继续教育受教育的时间短

法律继续教育的时间，一般要看法律工作者的工作空闲时间，大体上分为几天到几个月不等。这与脱产学习法律的学生相比较，时间远远不够，法律专业的学生一年在校时间在9～10个月，每天进行法律学习的时间大致是8个小时，虽说学生参与实践教学的时间是有限的，但是往往也能达到几个月，甚至一年，而法律工作者进行继续教育时的实践课程，往往达不到这个标准。法律工作者往往都是冲在工作第一线人，像法官、检察官、律师等，他们每天的工作时间比较长，工作量也非常大，这就使得他们参加法律继续教育的时间变得紧张起来，他们往往会在晚上参加短时间的培训，或者利用午休和节假日进行培训，同时，法律工作者的实践培训时间也是有限的。此外，平日里大量的工作也使得受培训的人员对实践训练产生腻烦的心理，从而大大减少了法律培训的时间。在现阶段的法律继续教育中，一般的晋升培训时间为1个月左右，在岗培训的时间也是1个月，这个时间比毕业生进入工作单位的实习时间要少得多，一般毕业生的入职实习时间为3～6个月。在接受法律继续教育期间，法律工作者与培训人员的见面时间也是很少的，有的时候就仅仅是一面之缘。法律在职人员参加继续教育的时间短，说明了法律继续教育并没有引起用人单位和教育部门的足够重视。

第四章 法学教育改革的具体内容

改革开放以来，我国法学教育发展迅猛。但不可否认的是，我国法学教育仍然存在不少问题。改革的思路可以从改革法学教育教学方法、改革法学教育实践教学、改革法学教育师资团队建设、改革法学教育质量评估体系等方面进行探索。本章分为法学教育教学方法的改革、法学教育实践教学的改革、法学教育师资团队建设的改革、法学教育质量评估体系的改革四部分。主要包括法学教育教学方法改革的必要性与可能性、法学教育教学方法改革的思路与措施、法学教育实践教学改革的必要性和重要意义、法学教育实践教学改革的思路与措施等内容。

第一节 法学教育教学方法的改革

一、法学教育教学方法改革的必要性与可能性

经过多年的发展，中国的法学教育已经具备回应时代的挑战，为建设社会主义法治国家提供人才支撑的能力。但是，承袭中国几千年教育传统的中国法学教育，如果不能在教育思想和教学方法等方面完成巨大的变革，那么将影响其完成历史重任。

中国法学教育教学方法改革的必要性体现在以下几个方面。

第一，社会法治环境的变化使法学教育的目的发生了重要的变化，法学教学方法必须适应这种变化，做出相应的改革。在中国文化传统中，教育的目的是为国家培养官吏，直到近代社会，法学教育的目的仍然是培养能够在专制统治机器中任职的各级官吏。因此，法学教育是为特定的统治机器服务的。然而，建设社会主义法治国家治国方略的提出表明我国的法治环境已经发生了根本的转变，建设现代法治国家已经成为坚定不移的目标。在这样的背景下，法学教育的目的不再是单一的为统治机构培养官员，而是为社会培养多元化的法律人才，这里所说的多元化，是指法学教育所培养的法律人才既能够胜任政府行政官员，也能够适

应检控、审判、律师等多种行业的职业需要。教育目的的转变要求法学的教学方法也发生相应的变化，从以往教师单纯灌输、学生被动接受的模式向教师引导、启发学生主动学习的模式转变，以适应实现新的法学教育目的的需要。

第二，法学教育目的的变化必然引起培养目标的变化。在传统的教育目的支配下，法学教育的目的是培养崇尚行政权力，又具备一定的法律知识，并且具有服从精神的法律人才；而法治国家所需要的法律人才则是崇尚法律，能够把握法律的内在精神，并且具有独立思考的能力和创新精神的人才。显然，两种教育目的下的人才培养目标有着很大的差异，这也要求法学的教学方法发生相应的变化，不仅要有助于法律知识的传授，而且要有助于对法律精神的接受和创造性思想的生成。

第三，现行法学教育教学方法的种种弊端从实践的角度对法学教学方法的改革提出了迫切的要求。在我国现阶段，法学院系通行的教学方法存在着以下几个方面的弊端：①法学课程的教学仍然是以教师课堂讲授为主要方法，体现出以教师为主导的教育模式的深刻影响。②法学教学过程缺乏有效提高学生能力的方法和手段，不利于学生学习能力的提高。目前，法学教学调动学生积极性的主要方法是课堂讨论，包括教师提出问题、学生进行讨论和教师给出案例、学生进行讨论等形式，但无论是哪一种形式的讨论，在实际的教学过程中所安排的时间都较少，并且仍然是以教师为主导进行的。③法学教学过程缺乏有效的教学实践手段。法学院系中常见的教学实践手段是组织模拟法庭和教学实习，但两者在时间和次数上都非常有限，学生在其他的教学环节上得不到实践性锻炼。同时，现有的教学实践手段也是围绕着课堂教学内容进行的，因而往往着眼于法律的规范，而不是着眼于现实的法律问题，这同样使法学教学产生脱离实践的倾向。④法学教学的考试手段单一，测试的内容以课堂讲授的内容为主，测试的方法以书面答题为主。这种测试方法引导学生重视对书面知识的记忆，忽视对现实问题的思考，同样不利于培养学生主动学习的精神和独立思考的能力。现有的法学教学方法限制了现代化教学手段的广泛使用，严重地影响了法学教学质量的进一步提高。

显然，现有的法学教学方法已经不能够适应我国法治现代化对实用型法学人才的需要，也跟不上法学教育目的的转变对教学方法改革的相应要求，必须进行较为彻底的改革。法学人才的培养是建设社会主义法治国家的基础性工作，没有数量众多的、深刻理解市场经济法律制度的内在精神，并且具有创造性地运用法律的能力的法律工作者，中国法治现代化和社会主义法治国家的实现都只能是空话。因此，法学教学方法的改革不仅是我国法学教育进一步发展的需要，也是我国社会主义法治建设的迫切需要。为了实现法学教育模式的根本转变，建设社会主义法治国家，必须大力推进法学教学方法的改革。

实现法学教育教学方法的改革不仅是必要的，而且是可能的。这种可能性主要来自以下几个方面：①建设社会主义法治国家的治国方略的提出为法学教学方法的改革提供了良好的促进动力和外部环境。这一治国方略的提出不仅极大地提高了法律和法律人才的社会地位，激发了学生的学习积极性，从学生的方面为法学教学方法的改革提供了良好的条件，而且使法学教育的地位也不断提高，原来影响法学教育的一些外部因素，如师资不足、教师住房紧张、科研经费匮乏、职称晋升难等都随着政府对教育，尤其是法学教育的政策倾斜而逐步得到解决，从而大大稳定了教师队伍，从教师的方面为法学教学方法的改革起到了保障作用。②市场经济条件下法治建设对法律人才的需求使法学教育进一步明确了自己的培养目标，从而为法学教学方法的改革指明了方向。③恢复高考以来，各法律院系在改革法学教学方法方面所做的努力为这一改革的最终完成准备了经验，奠定了基础。④改革开放以来，我国法学教育界与世界各国的交流使我们对国外法学教学的方法有了比较清楚的了解，这也使我们可以充分借鉴外国的经验，促进我国法学教学方法的改革随着国家和地方政府不断增加对教育的投入，法律院系的教学设备不断得到改善，这也为法学教学方法的改革提供了硬件条件。一批中青年教师经过较长时间的教学实践，已经成长为法律院系的教学骨干，他们年富力强，具有时代感，知识面较宽，并且富有创新精神，这就为法学教学方法的改革提供了可靠的师资保障。

总之，无论是从中国法治建设发展的大环境看，还是从法律院系学科建设的小环境看，法学教学方法的改革的条件都已经成熟。积极有效地推进这一改革的进程不仅是形势发展的客观要求，而且具备了成功的条件。

二、法学教育教学方法改革的思路与措施

（一）改良现有的课堂教学方法

对于我国而言，现阶段，我国法学专业课程共计18类，其中又包含16门专业核心课程和若干门专业选修课程，专业必修课程占据了大量的教学时间。此外，专业必修课与专业选修课教学方法雷同，大多都采用的是传统意义上的讲授式方法。仅从授课方式上来说，无法体现选修课与专业课之间的区别。因此，有必要

改良现有的法学选修课的教学方法。首先，由必修课教师完成相关法学专业理论的讲授，随后由专业选修课老师结合经典案例，灵活运用案例教学法和诊所式教学方法，在教学过程中融入实体法与程序法的知识，使实体法知识与程序法内容在专业选修课中融会贯通，可以充分发挥教师对课堂的掌控能力，将一些最核心的概念和内容进行深化，使抽象难懂的法律专业术语、名词得到更好的辨析，将法律条文与日常生活紧密结合，使教学方法真正起到沟通实践与理论的桥梁作用。此外，可以借鉴理工类院校在假期开设的"小学期"模式。"小学期"期间，主要由学生从事相关法律实践，由相关法律职业人员担任指导教师，由这些指导教师负责教学，引入传统的师徒式方法，使学生能够将现有的法律知识与相关法律实践进行结合，提高受教育者动手实践能力。

（二）积极借鉴和引进国外法学教学的方法

法治发达的西方国家的法学院经过长期的探索，积累了许多行之有效的教学方法，其中有些方法，如美国法学院的案例教学方法、诊所式教学方法、模拟法庭教学方法，具有某种普适性，我们不妨借鉴和引进。

1. 案例教学方法

1870年，美国哈佛法学院院长克里斯托弗·哥伦姆布斯·兰德尔（Christopher Columbus Langdell）创立了案例教学方法，作为一种全新的教学方法，它采用一种以案例为主要内容的教材，由教师在课堂上通过类似苏格拉底式讨论的方式向学生教授法律知识和法律技巧。学生和教师在这一过程中形成一种互动，既提高了学生的主动性，又能够培养学生的法律思维能力和实践经验。

（1）概念界定

厘清基础性概念，才能切实解决相关的问题。教育学中的案例教学方法是指，在教师指导下根据教学目标和内容需要，采用案例组织学生进行学习、研究、锻炼能力的方法，也是考查学生学习成绩与能力的方法。但是何谓法学教育中的案例教学方法，由于资料的局限，研究者没有对法学教育中的案例教学方法下一个明确的定义。因此，这里姑且对案例教学方法下一个不成熟的定义：在课堂教学过程中，教育者通过使用法院已裁决的真实案例、判例对受教育者进行教学，结合苏格拉底谈话法，以培养受教育者的逻辑能力、语言表达能力和法学知识掌握能力的一种教学方法。法学中的案例教学方法和一般意义上的案例教学方法之间是包容关系，法学案例教学方法是普通案例教学方法的一个"子集"，是在法学学科中案例教学方法的一种灵活应用方式的很好展现。在法学教学的适用过程中，能够充分反映出一般意义上的案例教学方法的特点，但是又包含其自身特有的一些方式方法。

（2）改革完善案例教学方法的对策及措施

第一，案例教学方法因校而异、因法而异。并不是每个学校的法学院都必须适用案例教学方法进行教学。推行案例教学方法要考虑到中国目前的法学教育现状，因为这种教学方法对学生和教师的要求较高，只有两者都达到要求的情况下才能取得成效，否则既浪费了资源又耽误学生对法律知识的学习。即使在美国也并非所有的学校都采用了案例教学方法，在师资力量不足的情况下传统的讲授法反而是最优的选择。在学生和教师都达不到案例教学方法要求的中下游的法学院来说案例教学方法很容易流于形式。可以说，案例教学方法虽好，但不可盲目效仿，只能量体裁衣量力而行。案例教学方法培训学生处理具体案件能力的特点决定了并非任何部门法可以用案例教学的方式进行。只有民法、刑法、行政法等基本法律才适合于案例教学方法进行教学。若无限制地在大部门科目上进行案例教学最后只会浪费资源，也占用学生太多课余时间，使他们疲于奔命而没有时间接触自己感兴趣的科目。

第二，发现真正的案例教学方法。目前中国许多法学院的教师采用的其实是举例说明法而并非案例教学方法。一些教师在课堂讲授过程中通过案例对抽象的法律概念、法律规则、法律原则进行解释说明和分析的方法并非案例教学方法，而是一种举例说明，仍然属于传统讲授法。它不以培养学生逻辑推理能力为目的，而只是为了阐述法律知识。案例教学方法是以培养学生对案件的分析能力为重心的教学方法，目的在于通过对案例的分析和解决掌握运用法律推理的思路和方法。我们应当认识案例教学方法的真正含义，这样才能真正借鉴其优点弥补自身的不足。真正的案例教学方法应当是兰德尔最初推广的与苏格拉底问答法相结合的形式。在学生课前进行了充分预习的前提下，教师在课堂上通过问答的方式引导学生发掘案例中蕴含的法律原理。课堂的展开和深入都需要教师通过提问的方式推进，充分鼓励和引导学生自主分析并得出结论。课堂的内容应当是开放的，教师在学生毫无头绪或者陷入思维的误区的时候应当进行适当的引导。虽然最初的判例教学法并不追求得出最终的结论，但案例教学方法最终应当由教师对最终的结论和思维过程进行讲解和分析，让学生知道最终正确的结论，避免对法律产生错误认知。

第三，案例教材和案例库的建设。好的案例教材是案例教学方法能否有效运作的根基。虽然在书店经常能看见以某部门法案例教程命名的教材，但绝大多数还是为教师的讲授法来进行编排的。因为案例的设置都是围绕着某个法律的具体条文，这样就忽视了在实际案件审理中认定事实、寻找法律等一系列法律步骤的复杂性和反复性，这样的教材显然不是案例教学方法所需要的。

案例教学方法最首要的问题就是案例的选择。这也是当前中国进行案例教学方法首先要解决的困难。一方面，中国的法治建设较晚，法院积累的具有代表意义的案例不多，同时又欠缺法院案例编撰机构，因此，大学教师或学者要想编写案例教材必须倾注大量的时间和精力去搜集判例。这也就是为何首创案例教学方法的兰德尔要选择英国与美国著名的契约法案例作为契约法讲义的原因。另一方面，法院的判例并不对外公布，这也造成了案例的匮乏。我们在编写案例教材时首先应当考虑我国法院的经典案例，如最高人民法院发布的指导案例。这些案例已经具有某种司法解释的特征，同时又具有典型意义，其次可以选取外国或者港澳台的经典案例。案例教学方法区别于判例教学法的一点就是前者不必拘泥于本国的案例，因为大陆法系国家的在先判例无当然适用的可能，因此在案例的选取上不必唯本国的判例是从。

在案例教材和案例库的设置上，应当以课程的基本脉络为框架对案例进行排列。每个案例应当由背景、主题、案例问题、情景与细节描述、教学结果、诠释与研究和问题讨论组成。问题的设置是案例教材的关键所在。作者应当在案例之后附上一些问题，这些问题应当围绕案件的主题展开、相关理论的衔接、案件有用事实的界定、案件涉及的争议等方面设置。教师可通过这些问题的提出对学生进行提问，给学生一个思考问题的思路，一步一步地引导学生去得出最后的结论，让学生在对问题的回答过程中学会分析案件的方法。此外，对案例的选取还应当注意把握案件的趣味性、时效性、典型性和实用性。

2. 诊所式教学方法

20 世纪 30 年代后，美国重新对法学教育提出更多的实践性要求，其中包含两个方面：其一，增加诸如转让文件和遗嘱文件起草、处理特定诉讼、习明纳课、讲授课等"技术性"课程；其二，"诊所式"法学教育的蓬勃发展，其中心内容就是让法科学生在校方监督下，到一种经过精心选择的领域中进行工作，其中包括在公益性的法律事务所、法院或者行政机构中担任当事人代理人，到刑事审判庭进行实习、到监狱提供相应的法律咨询，或者在警察辖区从事治安工作等。其中，又以诊所式教学法的开展最具代表性。

（1）诊所式教学方法的概念界定

诊所式法律教育（Clinic Legal Education）是在教师的指导和监督之下，通过学生积极参与法律程序的不同方面来进行教学，这经常被称作"通过实践学习"，而开展这项教育的机构就是法律诊所。诊所式教学方法是在结合师徒式方法和案例教学方法特点的基础之上，以医学诊所的治疗过程为蓝本所创设的教学方法，其内核还是案例教学方法，只不过在教学实践层面吸收借鉴了师徒式中直观、形象的特点，因此，诊所式教学方法是向案例教学方法和师徒式方法的一种"理性回归"。

（2）诊所式教学方法的特点

从诊所式教学方法的概念出发，诊所式教学方法突出实践性，兼顾理论性，让学生在真实的案件环境中为当事人提供法律服务，学生是一个真实案件的参与者。诊所式教学方法有别于传统法学教学方法，有其独特的特点。

①以学生为中心。在传统法学教育课堂中，教师是课堂的主宰者，是教学的权威，由教师把握课堂的节奏及学生所要学习的内容。而在诊所式法律教育课堂中，学生由一个被动的听课者转换为一个主动的办案者，所有课堂教学均以解决学生所承办的案件为中心，教师只起到引导及帮助的作用，让学生能够充分发挥其在案件中的主动性。诊所式教学方法让学生成为法律学习课堂的主人，学生在课程中对自行查找到的线索进行搜索并思考，自觉地将法学专业知识转化为实际解决法律问题的工具，在此过程中一并增强职业责任感。

②真实性。诊所式教学方法的另一特点则是真实性。学生在诊所式法律教育设置的真实场景中，所使用的案例为真实正在发生的案件，所面对的当事人、证人、对方律师、法官等均是现实中具有真实身份的，所经历的过程也是真实发生的，而不是虚构的、模拟的。

③多样性。与传统法学教育填鸭式的教学方法不同，诊所式法律教育在教学方法上更侧重师生之间、学生之间的相互交流和探讨。通过不同主体间思想的交流与碰撞，有利于调动学生的学习积极性，激发学生的创造性思维，培养学生的思辨能力，强化学生发现问题和解决问题的能力。同时，由于诊所式法律教育以代理真实法律案件为主要教学内容，因而其授课地点不仅仅包括法律诊所或者教室，还应当包括法院、律师事务所、社区街道等，这也使得诊所式法律教育的教学方式变得灵活多样，既包括传统的课堂教学，又包括角色模拟、案件代理、学生讨论等。

④实践性。诊所式教学方法突出实践性。诊所式法律教育除包含少量的课堂教学内容外，其余的绝大部分教学内容都是通过教师指导学生参加真实的案件代理过程实现的。学生通过代理真实法律案件、处理实际法律问题、参与现实法律程序、接触不同法律人物等实践环节，积累法律实务经验，训练法律职业技能，并在此过程中形成一定的法律职业思维和职业道德。在诊所式法律教育课堂教学中，学生从会见当事人、了解案件情况、收集证据、法律分析、起草法律文件等方面参与案件处理的全过程与细节，能够训练会见、调查、沟通、调解、诉讼等法律职业技巧。这区别于传统法律教育重视理论教学而轻视实践教学的特点，尤其是能够培养学生对法律问题的判断力和解决法律问题的方法与技巧，培养学生的法律职业责任心及应变能力，规范学生的法律职业行为。

⑤应用性。诊所式教学方法在促进学生将法学理论与法律实践相互结合方面进行了有益的探索，要求学生将法学理论应用到法律实践中。首先，应用的前提是学生需要全面学习法律专业知识，提高学生法律知识储备。其次，诊所式法律教育教学内容的设计亦具有应用性，且有其自身的教学规律与教学手段，能够教给学生对法律问题进行"把脉问诊"的方法与技术，使学生熟练掌握应用法律规范的工具。最后，诊所式教学方法让学生在应用法律知识解决法律问题过程中，面对新情况、新问题，能够始终发挥主动性、积极性，不断完善自己的知识体系以解决问题，最终提升学生分析法律问题与解决法律问题的技能与素养，提高学生的法律应用水平。

⑥开放性。在诊所式教学方法中，学生需要为当事人提供法律服务，学生必然会与当事人、证人、对方律师等进行接触，在此过程中学生能够学习经验，掌握法律职业技能。这就决定了诊所式法律教育所面对的是开放的环境，所接触的人和事亦是开放的而不是封闭的。同时，开放式的诊所式法律教育，不仅能够让学生向老师学习，也能够促进教师与学生之间的互动交流、学生之间的相互学习，培养学生团队协作能力。

⑦职业性。20世纪60年代诊所式法律教育产生伊始，它的教学目标就被明确地界定为训练法律职业技能、培养法律职业道德和促进社会正义三大方面。虽然日后随着诊所式法律教育的不断发展，诊所式法律教育的教学目标被不断地细化和完善，但其根本上还是围绕上述三大目标展开的。训练法律职业技能和培养法律职业道德的直接目的就是向社会输送能够胜任法律职业岗位的优秀法律人才，直接体现了诊所式法律教育教学目标的职业性特征。促进社会正义的教学目

标则是从更高层次体现了其职业性的特征。因为法律是维护社会公平、促进社会正义最基本、最普遍的依据，只有大量培养合格优秀的法律职业人才，才能真正发挥法律定纷止争、维护秩序、促进正义的功能。换句话说，促进社会正义目标的实现有赖于法律职业教育的发展与完善。所以说，促进社会正义从更高层面上体现了诊所式法律教育教学目标的职业性特征。

⑧教师业务素养的双重性。诊所式法律教育要求诊所教师除具有相应的理论基础外，更注重诊所教师在职业技能方面的能力水平。法律诊所教师法律实务经验是否丰富、法律职业技能是否娴熟，直接关系到诊所式法律教育教学活动能否顺利有效地开展，直接影响诊所式法律教育教学目标的实现与否。因此，必须强调对法律诊所教师业务能力的双重性要求，而诊所教师的法律职业能力要求更是重中之重。

⑨评价体系的科学性。诊所式法律教育拥有较为多元的评价体系，包括学生自我评价、社会评价、学生案件小组内互评、教师评价四部分。由于学生在诊所式法律教育中面对的是开放的人和事，学生所承办案件的成败得失、当事人满意度、教师与其他同学对学生在提供法律服务时的整体评价等，均会对诊所式法律教育的结果产生影响，仅靠传统的考试评价方式无法全面衡量学生在诊所式法律教育中的表现，因此，必须由不同角色从多个角度进行综合评价。

诊所式法律教育以向社会输送职业人才为培养目标，教学内容既包含学校内部，又扩展到社会领域。同时，职业教育教学评价作为一个复杂开放的系统，要想降低评价信息的不确定性，提高评价结论的科学性和有效性，也必须扩大评价所依据的信息来源，努力调动各评价要素积极参与评价活动。因此，诊所式法律教育教学评价的主体不应该仅仅局限在教师或者院校的教学行政主管部门，应当扩大评价主体的范围，使评价主体能够覆盖诊所式法律教育教学活动的各个领域，实现主体的多元性。诊所式法律教育教学评价的主体应包括：诊所教师、学生、真实案件当事人、法律实务专家和课程专家。当教师、学生、当事人、行业专家和课程专家成为评价共同体之后，将有利于及时、客观、全面地汇总各方评价意见，提供更多的评价依据。通过对教学评价的共同参与，学生既能及时向教师反馈教学信息、评价教师教学效果，又可以通过自评或者互评的方式促进自身职业能力的提升；法律实务专家可以对实践教学环节及其效果进行科学有效的价值评判，并及时反馈社会对于本行业职业能力最新的需求动向，促进教学实践调整相应教学侧重点；教师不仅可以全面掌握学生的学习进展状况，还可以通过课程专家的评价更好地领会课程设计者的意图，更好地实现教学目标；课程专家则可以及时地发现课程在教学实践中存在的不足与缺陷,并按照实际需求和实践规律做出课程调整;真实案件的当事人则可以最直观、真实地反应诊所学生职业能力的不足与缺陷,促进教学活动的调整与完善。

诊所式法律教育教学内容实践性强、教学方法灵活多样,整个教学活动是一个系统、开放、变化的过程。面对如此纷繁复杂、灵活多变的教学过程,任何一种单一的评价方法都难以实现对整个教学过程全面、准确、有效的评价。因此,诊所式法律教育教学评价必须根据评价内容和评价过程的不同属性采取不同的评价方式,体现评价方式的多样性。当教师的教学效果为评价内容时,可采用问卷法、观察评分法、成果分析法等评价方法;当学生的学习效果为评价内容时,评价方法一般可分为等级评定法、档案袋评价法和评语法等;当评价内容为教学规模、教学场地经费时,多采用定量评价法;当评价内容是教学实践环节的相关任务或能力时,则多采用定性评价与定量评价、自我评价与他人评价相结合的方式。同时,在教学活动尚未进行时,多采用诊断性评价方法;在教学活动进行的过程当中,通常采用形成性评价;而在某一教学活动告一段落时,则通常采用总结性评价。

总之,诊所式法律教育教学评价方式的选择,要注重量化评价与质化评价相结合、诊断性评价与形成性评价和总结性评价相结合、自我评价与他人评价相结合,通过多样化的评价方式,使诊所式法律教育教学评价获得实效。诊所式法律教育教学评价的内容或对象要能够全面覆盖诊所式法律教育教学活动的各个领域,不要有所缺失或者遗漏。

鉴于诊所式法律教育教学自身活动结构复杂、内容丰富,既包括课堂教学部分,又涵盖实践教学环节;既包括教师的教,又包括学生的学;既需要教学中的人的主动参与,又需要教学中的事和物的客观辅助。因而,在确定评价内容的具体范围时,必须突出它的全面性。诊所式法律教育教学评价的内容从整体上说主要包括对教师的评价、对学生的评价以及对法律诊所院系的评价。具体而言,对教师的评价主要侧重对教学任务和教学效果的考察;对学生的评价内容以其在案件代理过程中的综合表现为主,集中考察其职业能力和职业道德的养成情况;对法律诊所院系的评价主要集中在办学设施、师生规模、案件代理效果等硬件方面。这在很大程度上体现了诊所式法律教育教学评价内容的多样性和全面性。但还需补充的是,上述研究忽略了对法律诊所课程的评价。因此,全面的诊所式法律教育教学评价内容至少应当包括对学生的评价、对教师的评价、对课程的评价及对法律诊所院系的评价。同时,在具体的评价过程中,不仅要对教学的目标、内容、过程、方法和结果进行评价，还要对教学的理念、态度、价值观等进行评价。总之，评价的内容要努力做到主观与客观、整体与部分的统一，力求全面。

诊所式法律教育教学活动是一个有序开放、灵活多变的系统过程，这要求对诊所式法律教育教学系统的评价与对职业教育教学系统的评价一样，不仅要贯穿整个教学活动的始终，更要选择适宜有效的评价时机，即强调评价时机的适切性。否则，频繁、混乱的教学评价，不仅会大大降低职业教育教学评价的准确性和有效性，还会大大提高整个评价的成本预算。评价时机的适切性要求评价者要准确掌握整个法律诊所教学活动不同阶段的划分节点，充分了解各个阶段的不同特征，为选择适宜的评价时机提供可靠依据。诊所式法律教育教学评价标准的系统科学性是指在诊所式法律教育教学评价过程中所制定的各种标准不仅覆盖全面、有机统一，而且能够针对不同的情况具体施行，具有较强的针对性与操作性。诊所式法律教育教学系统是一个由不同部分组成的相互联系、有机统一的整体，各组成部分有着各自不同的功能和特点，通过一定的方式连接在一起。这要求在制定诊所式法律教育教学评价标准的时候，既要从宏观角度整体考量制定标准的系统性、全面性，又要从微观角度针对不同组织部分的各自特点制定科学可行的评价标准。通过制定系统科学的评价标准，有利于提高评价效率，强化评价功能，增强诊所式法律教育教学评价的针对性、操作性和有效性。对于法律诊所课程的评价，应当依据课程安排的紧凑性、课程内容的连贯性、理论与实践课程比例的协调性、课程目标的合理性等标准进行考量；对于诊所院系的考察，则主要应该从诊所院系的软硬件办学设施入手，如法律诊所的办公场所及资金保障、师生规模及比例、内部规章建设情况以及学生的案件代理数量与质量等。

（3）诊所式教学方法的目标与功能

诊所式教学方法的目标与功能可以概括为以下几点。

①推动法学教育的实践化。长期以来，中国的传统教育模式备受指责的一点就是教学与实践的分离。法学教育作为应用教育，其核心不能简单局限于理论知识的灌输，更重要的是能够用理论知识去解决现实的社会问题。当下我国法学学科被拆分为刑法学、民法学、商法学、公司法学以及相应的刑事诉讼法学、民事诉讼法学等多达二十多个二级学科，每个学科均侧重于法学理论的研究与阐述。而学生在毕业后，真正从事理论研究的又屈指可数。走上社会岗位的学生短时期内又不能快速融入实务中。从法律职业从业角度来看，合格的法律人才不仅应通晓法律知识，而且应具备相关学科知识；不仅要掌握大量的法律规定，而且还必

须具有严密的法律思维逻辑；不仅应具备超强的法律推理能力和法律运用能力，且应当有良好的职业操守。

法学教育在课程设置上，应当兼顾专业知识与非专业知识、国内法渊源与非国内法渊源、方法论理念与规范层应用、事实判断与价值判断以及法学思维的训练等多个方面。诊所式教学方法所强调的正是教与学的互动，无疑为当前的法学教育注入了新鲜的血液。学生在诊所教师(包括法官、律师等实践教师)的指导下，通过对具体案例的参与，更深程度上理解与把握枯燥的法学理念与法律条文。同时，在法律诊所教与学配合中，通过双向互动，学生与教师也达到了共同学习的目的，缓和了由单一评价方法——考试所带来的紧张氛围与相对关系。美国法官霍姆斯(Holmes)曾说过："法律的生命在于经验而非逻辑。"诊所式教学方法也将教师的教学重心由单一的知识讲授转移到兼顾实务经验的传授。教师和学生通过参与案件代理、起草合同、法援人员专业培训和企业人员的专项法律培训等工作，进一步增加了实践和实训机会，实现了教学与实践的统一。另外，以法律诊所为中心，加强与政府部门、企事业单位的沟通、交流与合作，在诊所指导教师的指导下，促成社会资源的多种结合，也是法学教育的一种良好宣传方式。

②提高学生的职业综合素质。法学教育，首先是职业教育，而且应当是法律职业的通才教育。法律诊所的出发点就在于通过引导法学院的学生参与实际的法律实践过程来培养学生的法律实践能力，使学生能够像法律职业者那样去思考问题。这也体现了诊所式教学方法相比较案例教学法的进步。案例教学法自身局限就在于不能提供完整的案件信息。案件事实是已经发生过的事实，探明案件事实的过程，实际上是通过现在的证据去再现已经发生过的案件事实或案件发生的过程。法律的专家并不仅仅表现在对法律条文的理论解释上，最基础的工作仍在于对客观事实的整理分析。这种证据认定的全面性、客观性要求在案例教学法中并没有得到相应的锻炼。

诊所式教学方法在沿袭判例教学法的经验式教学方法外，还借鉴了医学领域的临床教学模式。它置学生于真实完整的案例中，通过学生的自我动手能力去探究案件的处理结果。诊所式教学方法也可以采用不同的教育形式，如经验式的、实践性的或者主动性的训练等。在处理具体的案件时，学生不仅要熟悉实体法知识，还要对程序法有着系统性的理解。涉及实体法时，学生还要擅于统筹各部门法的知识加以运用。在为当事人提供法律建议时，学生除了单纯提供理想化的法律解决意见外，还需要懂得权衡当事人利益、法律、道德及情感等各种现实的因素。法律诊所还是一个开放的课堂，学生在诊所教育中可以共同协作、商讨，共同提出解决问题的最佳方案。这种参与式教学，无形中锻炼了学生团队协作能力与创新能力。另外，在接触真实当事人与真实案件的过程中，学生还可以学到与当事人的谈判技巧、文书写作等必备法律职业技能，从而扩宽视野，加深对所学知识的理解与运用，锻炼解决问题的逻辑能力和动手能力。

③丰富完善多元化纠纷解决机制。多元化纠纷解决机制是指在一个社会，多种多样的纠纷解决方式以其特有的功能和运作方式相互协调地共同存在，所结成的一种互补的、满足社会主体的多样需求的程序体系和动态的调整体系。除了传统的诉讼解决机制外，还存在着非诉讼也就是替代性解决纠纷机制（Alternative Dispute Resolution，ADR）。在我国，替代性纠纷解决机制是民事诉讼司法改革的产物，由于它具有超越诉讼程序的高效便利性和诉讼经济价值而备受推崇。我国当前的 ADR 主要有仲裁和调解，与国外相比还存在着差距。例如，在德国，除了有明文法律规定的 ADR 外，还存在着大量的民间自发形成的非法律规定的 ADR，比如工会、商会、行业协会等机构、医师调解所、专家委员会等多种纠纷解决机制。

诊所式教学方法的发展，实际上从另一角度补充了我国 ADR 的不足。传统的法律诊所以诉讼型诊所为主。从程序上讲，诉讼的发动需要经历一个从起诉到立案，到审理，再到判决，甚至再到执行的过程。每个程序段下又包括了诉讼材料的整理准备、诉讼证据的收集等。且不说我国民事诉讼法规定的一审程序的审理期限为 6 个月，单是二审审理期限 3 个月，很多学生本学期的诊所课程就已经结束，后续的案件跟进就要交给下一期诊所学员或者本人向诊所教师申请继续跟进。诊所式教学方法发展后，虽不排斥诉讼活动，却注意到诉讼程序成本高、耗时长等对弱势群体当事人不利的因素，注重采用谈判、调解、仲裁等替代性争端解决方式，真正从保护当事人的角度出发，寻求解决争议的最适宜方法。

（4）诊所式教学方法的基本原则

①以学生为主原则。学生参与法律实践是诊所式教学方法的核心。学生是诊所式教学方法的主体，诊所式教学方法必须坚持学生为主的原则。首先，学生是案件的承办者、是法律问题的分析者、是法律文书的撰写者，要发挥好主角的作用。当然这并不代表教师的缺失，相反，在此种情形下，教师更应努力扮演好课堂组织者、引导者、辅助者的角色，加强对学生在学习中的引导和帮助，促进学生更好地学习。其次，诊所式法律教育课程的内容应根据学生在提供法律服务过

程中遇到的实际问题而产生，是动态变化的，且是由学生主动发现的问题。最后，在诊所式教学方法中，教师要让学生发挥主体作用，激发学生的主动性，培养学生自主学习的能力。学生在一开始面对真实案件时兴趣会很高，但是这种"兴趣"可能会因为案件难度、过程枯燥及学生尚未形成较强的法律职业责任感而逐渐消失，因此教师要激发学生学习的积极性，积极创设能引起学生主体意识的课堂氛围，提高学生的主角意识。

②实践性原则。"真案真做"，诊所式教学方法要求学生立足实践。一方面，学生需要会见当事人、了解案件情况、收集证据，进行法律分析、与其他当事人接触、起草法律文件等，这些均是实践的过程。在这一过程中，学生不管是语言表达、法律分析，还是文书写作等多方面都能得到实战锻炼，相关能力水平均有所提升。且由于真实案件过程中的利益博弈、案件的最终结果均会影响当事人的利益，学生在做出选择与决定时对学生的法律职业素养也会产生直接影响。另一方面，学生将在提供法律服务过程中遇到的实际问题与所学法学知识对应起来，通过自身对问题的分析及教师的指导解决问题，能够加深学生对法律专业知识的认识，提高自身法律知识水平及法律实践能力。

③经济性原则。由于诊所式教学方法需要在真实环境中面对真实的案件，其需要建设真实环境，需要学校提供办公场所、基本的办公用品等硬件设施设备并配备相关的人员。而学校作为政府拨款的事业组织，其资金有限，诊所式法律教育环境建设需要用最少的资源消耗来服务最多的学生。这就要求，一方面诊所式法律教育设施设备投入资源的总量最少，即科学制定环境建设方案，减少浪费，用最少的投入取得最好的效果；另一方面，诊所式法律教育设施设备投入的方式最合理，且不能有缺失，即基本的办公桌、办公电话、办公电脑等及接待人员等需要配齐配全。这样就能减少诊所式法律教育的经费，在有限资源条件下，提高诊所式法律教育设施设备的利用率，更好地为师生服务。

但中国在推广诊所式教学方法的过程中，也存在着一系列问题，例如，大多数模拟法庭活动是在预先撰写好脚本的前提下进行的，学生发现问题、解决问题的能力及应变能力，都无法得到真正的锻炼，目前的模拟法庭主要是被当作一种向学生展示法庭审判程序的场所，大多是在程序法学的教学过程中使用，而其他部门法学课程则未能加以有效利用。

（5）诊所式教学方法的影响

①有助于扭转"重理论、轻实践"的观念。对于法律诊所而言，"实践出真知"一语道出了法律实践的真谛。我国是大陆法系国家，一直以来对法学教育强

调理论性，这是大陆法系国家法学教育的特点。但是，在注重理论教育的同时，就会不可避免地忽视实践方面的训练。法律是一门实践性极强的学科，没有经过法律实践无法真正学好法律。各高校法学院的实践性教育课程目前主要有模拟法庭或者法律谈判，这些课程多为选修课（部分高校研究生课程中列为必修课），而这些课程大部分时间仍是教师主导教学。这类课程固然能让大家感受到现实生活中审判和谈判的氛围，可是这种"剧本化"的表现不能体现实践中处理事务的突发性和随机性，无法锻炼学生的应变能力和知识的综合运用能力，多数学生为了应付作业或者考试变成"演员"，没有将自己真正融入角色之中。诊所式教学方法恰好弥补了这一缺陷，同时其实践性扭转了"重理论、轻实践"的观念。诊所式教学方法的实施，对以往的课堂学习是一种冲击，让学生设身处地为当事人解决法律问题，投身真正的现实环境之中，让学生自己运用所学知识分析问题解决问题，比在课堂上教师一味"填鸭式"灌输，事半功倍。实践是学习法律最好的老师。诊所式法律教育从单纯的由理论去指导实践的演绎式模式到通过时间获得更加全面的知识和技能的归纳式模式，让学生学会从实际的个案着手探索法律的精义和对社会的意义。校园是相对社会来说更加简单的环境，如果法学生没有接受职业道德和职业素养培训，在进入社会后加之没有受到正面的影响，容易误入歧途。诊所式法律教育可以让学生提前经历中国法治实践中的种种状况，而不是老师或者课本上的案例，在实践中有教师的职业素养作为"教材"，有利于学生树立正确的价值观，培养学生的职业技能和职业道德，加快法学生转化为法律人的进程，从而加快法治社会建设。

②有助于解决各部门法之间的"分割"问题。国外学院制的教学模式中"兰德尔"模式一度是法学院的主流教学模式。在我国案例教学方法也会被教师们应用于课堂教学之中，一条法律法规的适用可以以最直接的方式体现在案例中，方便同学们学习掌握。例如，通过一桩离婚案件，教师会教给学生离婚的基础条件是双方感情破裂，可以协议离婚，亦可起诉离婚，如果涉及损害赔偿，老师就会将相关规定告诉大家。至于如何认定双方感情破裂，协议离婚的协议内容有哪些，这就体现出传统意义上案例学习的局限性。这种局限性无可避免，教师会根据学科的需要向大家输送知识，做好自己的"本分"，而不属于自身学科的内容，会由其他学科的教师进行教授，这样就会导致学生在学习案例时，只是针对某一部门法进行学习，无法进行连贯学习，虽然负责法律文书课程的教师告诉大家各类法律文书如何写作，但是无法让学生在一个完整的案件中将各个部门法融会贯通。案例分析限于本学科问题，从学科划分的角度来讲也是有合理性的，但弊端在于

割裂了学生对实体法、程序法之间及案件整体的全面理解和把握，对学生解决实际问题是不利的。在法律诊所学习过程中，学生会像律师一样参与接待当事人到最终解决纠纷的全部过程，这样会让学生对案件有一个全局、整体的把握，对自己的专业知识是一种最直接的实践。同样，实践教育也会反作用于理论学习，在实践过程中，尚未掌握的法律知识、专业技能，可以刺激学生尽快学习这部分内容。这种反馈学习更能加深学生对专业理论知识的印象，让学生在掌握专业知识的同时，灵活运用于实践之中，以我所学为我所用。

③有助于改变学生的"法官思维"。法律是随着社会发展变化而不断变化的，法律条文和法律制度也是不断变化的，这些在学生时代也不可能穷尽式地掌握，只有理解法律逻辑和拥有法律思维才能在法律职业道路上不断前进。法学生作为未来的法律职业者，可能是律师，也可能是法官、检察官，同一个案件会有不同的立场，用批判的眼光去分析案件，坚定自己的立场而不人云亦云。诊所式教学方法可以让学生在真实的社会环境中用一名"准律师"的思维去分析案件，通过在实际操作中灵活运用法律知识，能够用批判的思维从不同角度分析案件，从而为委托人提出建设性的意见。因此通过法律诊所可以锻炼学生作为法律职业者的批判性和创新性思维，在实际操作中深化对知识的理解，这些法律思维对每一个法律职业者都是至关重要的。在课堂中，教师教育学生们要站在客观的角度看待法律问题，分析法律关系，从客观公正的角度认识法律关系，解决法律问题。法治天平需要客观公正，排除先入为主，不掺杂个人感情。但是，学生长期站在客观公正的角度分析问题很容易会形成一种视角定式，要求自己不偏不倚，理性全面看待法律问题，这种思维我们可以称它为"法官思维"。法官处于审判的正中，在原被告（控辩）双方陈述事实、提供证据时，要结合双方情况进行判定，最终得出客观公正的裁判。法学院是培养职业法律人的摇篮，不是单纯培养法官的生产线。"法官思维"的不足在今天已经被教育界所正视，中国的替代性纠纷解决机制（ADR）可以有效节约司法资源，以替代法官审判的方式谋求当事人双方的纠纷得到有效、快捷地解决。在 ADR 的课堂上，一位老师曾做过一个实验，他将一个真实案例呈现给学生，要求学生从原告、被告和法官三种角色中任选其一，来分析这个案件，同学们在认真审读案例之后，有八成学生选择了法官角度，站在法官的立场上提出对于案例的分析。当老师问起为何要选择法官的角度来分析案件时，同学们的答案比较集中：习惯了。美国法律诊所建立的初衷在于帮助社会弱势群体，他们请不起律师，所以诊所的学员们便担任了律师这一角色，所以，法律诊所就是为了培养律师，站在当事人的角度看待问题，提出最有助于让当事

人获得好处的方法。诊所教育就是要让学生可以灵活地转换自己的角色，脱离根深蒂固的"法官思维"，真正可以从当事人角度出发，设身处地为当事人着想，为当事人提供专业的法律援助，而不是变身法官，拉开自己和当事人的距离，居高临下地看待问题。

④有助于培养学生的法律职业伦理道德和社会责任感。其一，有助于法律职业伦理道德的养成。学生在法律诊所的经历使其更加明确，他们要将自己的经历用于未来的职业生涯。教师在讲授法学知识的同时，常会忽视法律职业伦理道德的学习，有些学院会将法律职业伦理道德列为选修课或者在研究生阶段才会系统学习。这样分而习之的理念不利于学生整体法治观念的养成。在诊所式教学方法实施过程中，法律诊所可以利用法律援助实践和诊所互动教学的优势，有针对性地对学生开展法律职业道德教育，从而在法律职业道德还无法成为大学法学院独立课程的情况下，可以为学生提供一个法律职业道德教育的平台。其二，有助于社会责任感的形成。在为弱势群体提供免费法律援助之际，可以让学生感受到在实际生活中，群众对得到法律援助的迫切，当群众将法律援助当成救命稻草时，学生会产生非常强烈的社会责任感，在现实生活中运用法律知识去为群众排忧解难，树立牢固的法治信仰，为建设法治社会贡献出自己的力量。其三，诊所式教学方法还可以培养学生的职业道德素质。法律追求的最高价值就是公平、公正和正义，这也是每一位法律人毕生追求的价值。在普通的课堂教学中不乏关于职业伦理、律师职业素质、法官职业素质、检察官职业素质等的课程，这些课程的价值不是仅仅解决实务问题，而是让学生去思考探索法律对社会的价值，在法律诊所实践中，学生可能会遇到一些伦理问题，处理好这些问题，才能履行好作为一名称职的法律职业者的责任，这些问题是在课堂教学中难以接触和解决的，通过实践，可以让在教师的引导下树立正确的职业道德观，了解作为一名法律职业者不仅仅是处理法律问题，还应当包括帮助社会弱势群体，维护社会公平正义。其四，诊所式教学方法可以培养学生的职业技能。在诊所式教学方法实施过程中，学生作为整个教学过程的主体，在课堂教学中，主要学习技巧性技能，如会见当事人提供法律咨询、调解、代写法律文书等实务操作技巧，并通过课堂中真实的案例不断地进行训练，教师通过引发学生主动参与，给予学生充分时间讨论案件，并且发表自己的观点；在课外实践阶段，主要是学生通过接触当事人，将在诊所课堂学习的实务技巧及在理论学习阶段学习的法律知识灵活运用到实践中，"像律师一样思考"，找出案件争议点所在并适用法律参与案件的处理。因此诊所式法律教育无论是课堂教学还是课外实践，都是依靠学生主动运用知识去解决真实

世界中的法律纠纷，在复杂多变的社会环境中不断地运用已学法律知识解决现实问题，从而达到理论和实践融会贯通。

⑤对法律援助事业的影响。诊所式法律教育从一诞生就与法律援助之间具有密不可分的关系，20世纪60年代的美国，穷人因损失很大导致诉讼量越来越大，但是律师费用十分昂贵，越来越多的穷人急于诉讼却不能支付诉讼费用，这些社会因素给美国的法律援助事业带来压力的同时也带来了发展的动力，法律诊所作为免费的法律服务机构，理所当然地被接受为法律援助机构。我国法律诊所的案件也主要是来自社会弱势群体，我国作为发展中国家，对于法律援助的投入有限与社会对于法律援助的需求量之间产生了矛盾，只能解决一部分人对法律援助的需求，我国每年有很多法律援助案件需要办理，当前的法律援助体系不能满足人们的需求，由诊所式法律教育扩充当前法律援助机构主体，发挥诊所式教学方法对法律援助的辅助性作用，能够有效缓解当前法律援助体系的压力。并且诊所式法律教育的目标之一就是为社会弱势群体提供法律服务，这与法律援助制度的目标是不谋而合的，法律诊所的学生通过提供法律服务，在教师的指导下提供咨询、代理案件、代写法律文书、进行调节、出庭辩论，这些不仅可以节约社会和政府运行法律援助服务的成本，同时也可以增强学生职业技能和学生作为法律人对社会的责任感。因此诊所式法律教育可以有效地推动我国的法律援助事业的发展，维护社会公平正义，推进社会民主、法治化进程。

（6）法律诊所课程的运行和考核评定

第一，诊所的建立。诊所一般按照三种模式建立：一是校内真实诊所；二是校外真实诊所；三是校内模拟诊所。

其一，校内真实诊所。主要是指在校内建立的，能够接待真实当事人，在指导教师指导下，学生进行案件处理的诊所模式。在这种模式的诊所中，学生的每一步行为均在指导教师的具体指导下进行，直至完成案件的代理。指导教师负有指导学生、教育学生、承担最终责任的职责。

其二，校外真实诊所。主要是指在校外依托一定的机构建立的，由机构人员或其他人员担任指导教师的，学生在指导教师的指导下进行法律服务、学习法律知识和技巧的诊所模式。这种诊所与实习的区别是，学生在诊所中担任主角，亲自接受案件、处理案件。

其三，校内模拟诊所。主要是指在校内建立，采用诊所式教学方法，学生在指导教师的指导下，通过一定的案例模拟，在一个模拟的环境中进行法律技巧训练、执业技能和职业道德培训的诊所。

第二，课程的安排。法律诊所课程一般安排在第五或第六学期，因为这个时候学生一般修完了基本的课程，掌握了实体法和程序法的基本知识，而且经过了第一学年和第二学年的见习、实习、法庭旁听等实践锻炼，在感性和理性上对法律均有较深刻的认识，这时开设法律诊所课程，有利于学生接受，有利于学生运用所学知识解决所代理的实际案件。

法律诊所课程一般按照任意选修课开设，每周三课时、三学分，由学生按照自己的兴趣爱好选择。

第三，教学地点的选择。教学地点要适应教学需要，在课堂学习阶段，最好是椭圆桌或拼在一起形成椭圆桌的形式，中间空出活动的区域，便于学生演练模拟、做游戏。教学地点内应该拥有多媒体、摄像等设备，便于演示教学资料和回放学生的模拟活动。

第四，教师的选择。法律诊所课程在中国是一项新的探索和实践，能否成功取决于法律诊所课教师的工作和努力。而且在一次诊所课中，往往有一名或多名教师，他们相互分工、相互配合共同完成教学任务，因此对法律诊所课教师提出了较高的要求。首先，应具有奉献精神，因为许多情况下对学生的指导是在课下进行的，要花费教师大量的时间和精力；其次，需要具备丰富的教学经验和实务经验，最好是法律素质高的兼职律师，能够对学生进行有效的指导；最后，可以从律师事务所或有关司法机构中聘任，也可以在某个专题中聘任校外人员。耶鲁大学法学院诊所的教师，既有法学院的常任教授，也有律师、相关领域的专家。例如，立法倡议诊所的4位指导教师中，1位是法学院的常任教授，1位是州议员，2位是康涅狄格州一所非政府组织的负责人。

通常每个诊所教授指导的学生为8人左右，除了2位或以上的指导教师外，通常会有一位助教，有时还可能更多。助教可以选择学分或酬金，以鼓励同学申请。诊所的所有计划都紧密结合了新同学和教员之间的合作。调查、开发和使用实际的案例是工作的核心。诊所也注重职业责任问题和以客户为中心的律师执业问题。诊所也可以雇佣学生做"暑期助理"，在各个诊所全职工作。

第五，学生的选择。由于法律诊所课程是按照任意选修课设置的，因此学生选修的人数会很多，而法律诊所课程的特点和教学方式又不允许学生过多，比较合适的学生数量是一个诊所授课班级30名学生左右，或按照师生比例1：8配置，即1名教师指导8名学生。

参加法律诊所课程的学生在报名后进行选择，一般采用笔试、面试等方法，选择那些具备一定的法律专业基础知识、有一定时间保证、愿意从事法律职业、有较强的法律职业兴趣的学生。

当然，有的高校为了体现公平精神，在选修的学生中采用抽签的办法选择。

第六，教学的主要内容。法律诊所教学一般分为课堂教学和实践教学两部分。

课堂教学的内容包括访谈技巧、咨询技巧、谈判技巧、庭前准备工作、庭审技巧、法律文书写作、法律职业道德和社会责任感等，以角色扮演、分组讨论、技巧游戏等丰富多彩的方式开展。

以耶鲁法律诊所的教学内容为例。根据服务对象或内容所区分的"门诊"包括：①青少年儿童诉讼支持；②社区法律服务；③房屋与社区发展；④移民；⑤房东和房客；⑥法律协助；⑦监狱；⑧复杂联邦诉讼；⑨立法倡议；⑩国家安全诊所；⑪人权诊所，等等。各个"门诊"的教学内容均有不同的侧重点。但是，其都会讲授如下内容：如何会见当事人、制作笔录、准备证据、审判案件、协商解决办法、起草文件、参与商业交易、安排交易、对州和联邦法庭的诉讼请求进行争论。

实践教学部分主要指导学生解决在具体案件的代理中遇到的问题。

第七，案件的选择。在实践教学部分学生要亲自进行真实案件的咨询、代写法律文书，真实案件一般来源于法律援助中心接手的案件，最好选择那些在学校本地的、代表性强的、能够在开课学期内结案的，同时符合诊所性质和类型的案件，这样有利于课程的进行和学生的学习。

第八，成绩的评定。任何课程最终都要有成绩，法律诊所课程是一门全新的课程，是一种开放式的教学模式，对学生成绩的评定也不同于其他的课程。法律诊所课程的成绩评定主要包括指导老师对学生的评价、学生对学生的评价、学生的自我评价等。评价可以书面进行，也可以口头进行；可以是一对一单独进行，也可以在课堂教学时集体进行。最终由指导教师汇总这些评价，共同商定学生的成绩。

3. 模拟法庭教学方法

（1）概念界定

"模拟法庭"一词是舶来品，又称模型法庭，最初来源于美国法学院中的 moot court 课程。从 20 世纪 30 年代开始，我国通常译作"模拟法庭"。在英语中，与"模拟法庭"对应的词语有：mock court, moot court, mock trial。在权威词典《布莱克法律词典》（*Black's Law Dictionary*）中，"moot court"是指在法学院举办的模拟讨论或假设案例的虚拟法庭;"mock trial"是指为训练学生的庭审代理技能而组织的虚拟审判。在著名词典《韦氏法律词典》(*Merriam Webster Dictionary of Law*)中,"moot court"是指法律学生为受训而辩论虚拟案例的一种虚拟法庭。在《法律学习词典》(*Legal Studies Dictionary*)中,"mock trial(court)"是指通过虚拟的民事或刑事诉讼案,来教授法庭程序、证据规则、法律辩论和具体审判制度的一种教学方法,因为它是虚拟的审理,模拟法庭的裁决不具有法律约束力。美国的法学院十分重视模拟法庭的教学,把它作为专门的课程。在学院的内部及学院之间,甚至在一个州范围之内举行辩护状写作、法庭辩论等各种单项和全能比赛,以推动教学。

本书主要是从动态意义上,将模拟法庭作为一种实践教学方法来展开研究的。通过分析,我们可以得出模拟法庭教学方法的概念,即模拟法庭教学方法是指在法学教学活动中,学生在教师的指导下分别扮演审判人员、公诉人、书记员、当事人、诉讼代理人、辩护人、证人、鉴定人等不同的角色,来模拟法院审理案件的整个活动过程的一种实践性认知的教学方法。

(2)基本特征

第一,教学活动的实践性。与讲授法、案例教学法、讨论式教学法等其他教学方法相比,模拟法庭教学法积极追求的是一种实践教学效果:让学生亲身体验实践的乐趣,化抽象的理论知识为生动的现实模拟,培养学生的动手操作能力和灵活运用理论知识的能力。通过参与模拟审判的各个环节,锻炼了学生的实际操作能力、分析和解决问题的能力。模拟法庭教学方法较强的实践性激发了学生学习的兴趣和参与度,属于一种融教师理论指导和学生实践体验为一体的新型教学方法。

第二,实践训练的系统性。学生不仅要处理实体法律中的问题,还必须重视程序问题的解决。这正是任何一个实际案件都会遇到的情况,既要接触实体法,又离不开程序法,要想真正地去处理好一个案件,学生不得不全面地了解各个部门法及诉讼法的相关知识,即模拟法庭的训练不仅仅局限于法庭上的辩论,更是一种系统的、全过程的训练。模拟法庭教学法将静态的、枯燥的法律条文通过动态的、形象的方式展现给学生,促使他们仔细鉴别,去粗取精、去伪存真,学会如何在庭前形成法律意见和开庭时进行法庭陈述和辩论,并找出法律要素之间的冲突,从而启发学生的创造意识,促使他们进行创造性思考,锻炼学生在意志层面冲破常规思维的阻碍,顶住习惯势力的压力,坚持正确见解。学生只有通过亲身接触真实案例才能更好地发现问题,在教师的指导下借助已有的知识分析并解决法律运用过程中出现的问题。从发现问题、分析问题到解决问题的整个过程锻炼了学生的实践性的思维能力、开拓性的思维能力、创造性的思维能力及综合判断能力。

第三，教学效果的多重性。模拟法庭教学方法从某种意义上说，也属于情景模拟教学的一种，模拟法庭教学法为学生提供了一种学习和体悟法律职业独特思维方式的具体情境。这种实践教学方式采用角色模拟、互动、小组讨论等多种教学形式，给予学生一种传统课堂教学不能提供的多维实践空间，可体验多样性的角色，进行不同角度的思考，获得多重的收获，包括知识、能力、情感态度与价值观。在模拟活动过程中的互助学习和结束后的点评阶段，学生可以及时发现自身存在的不足，并在互助合作学习的氛围中交流经验，提高自身的素质和水平，增强自身的情感体验。另外，在具体的操作中，理论知识得到了印证，静态的知识变为了动态的实践能力；模拟法庭角色的自我定位，尤其是法官和检察官的角色体验，让学生感受到了正义的力量和职业的神圣，提升了学生职业道德感知和职业素养。模拟法庭教学方法不但实现了知识从理论到实践的迁移，更重要的是通过互助合作，实现了法律知识、法律技能、法律意识和法治信仰的同步构建，符合素质教育要求将德育、智育、美育等有机地统一在教育活动的各个环节中的要求。

第四，以学生为本位。模拟法庭教学方法改变了以往传统的"三中心"论，即以教师为中心、教材为中心、课堂为中心的传统教学观念，对学生进行重新定位，形成了以学生为主体、教师为主导的新型师生关系。现代人本主义教学观要求以人为本，强调学生的主体地位，打破以教师为主体的强势地位，学生由"被动学习"转向"主动学习"。在模拟法庭教学方法实施的各个环节，教师一直处于辅助地位，在庭前进行案例的选取和角色的分配，并针对模拟审判过程中可能出现的问题进行庭前指导。选取案例、分析案例、编写剧本、撰写诉讼文书等任务，都要由学生自主完成，遇到不懂的地方可以请求教师解答；模拟审判的过程也是由学生按照程序开展模拟活动，教师不参与模拟审判的过程，放手由学生完成整个庭审过程。从中可以看出，模拟法庭教学方法在教与学的过程中注重学生的主体地位，在实践操作中放手让学生自主学习，通过各个环节任务的分配促使学生在做中学，进而以学促学，实现知识的主动构建。

（3）教学过程

教学活动首先是一种认识活动，受到一般的认识规律的制约，从生动的直观感受到抽象的思维，再从抽象的思维回归到实践。模拟法庭教学方法是关于教与学的方法，同样受到认识规律的制约，因此，在开展模拟法庭教学时应当遵循规律，即按照被称为"科学教育学之父"的德国著名教育家约翰·弗里德里希·赫尔巴特（Johann Friedrich Herbart）的著名"四段教学"阶段论，即明了（清楚明确地感知教材）—联想（由个别到一般，形成概念）—系统（新旧观念的组合）—方法（练习），他的学生在此基础上做了完善，形成了著名的"五段教学"，即预备—提示—联想—总结—应用，被国内外教育界广为推崇和运用。这里主要根据五段教学的阶段划分，结合模拟法庭教学方法的自身特点，对模拟审判庭前庭后的相关活动按照顺序展开，即按照预备（激发兴趣）—提示（感知案例）—联想（理解分析案例）—应用（模拟审判）—总结（总结评估）五个环节实施教学。

（三）充分利用现代科技手段

现代计算机技术的发展为法学教学方法的改革提供了有利的条件，从目前情况看，计算机技术对法学教学方法改革的影响主要表现在两个方面：一是使教师的教学手段多样化，可以利用计算机制作教学课件，用于辅助教学；二是利用计算机技术开展远程网上教学，网上教学对教学方法提出了新的要求，从而也会引起教学方法的改革。从前一个方面看，目前已经有许多学校的法学教师在课堂教学中使用计算机作为教学辅助手段。作为一种辅助性的教学手段，在教学中使用计算机课件，以书面语言或图表准确地表达概念和命题，可以帮助教师提高学生在课堂上对教学内容的关注程度，并且提高课堂教学的效率。我们可以预见，由于远程网上教学具有教师通过网络以文字或图表与学生见面的特点，因而会促使教师发展出能够与教材有着明显区别的网络辅导材料来帮助学生学习，否则这些辅导材料不仅不能吸引学生，而且不能起到任何实际的作用，但是，这种辅导材料究竟会采取何种形式，还有待于更加深入的探讨。

除了以上两个方面外，在法学教学中运用计算机技术以改进教学方法还有另外一个领域更加值得注意，即利用计算机技术在教学过程中模拟现实法律事务的完整过程，使学生调查和判断事实的能力得到有效的训练。如果计算机技术在这个方面能够有所作为，那么不仅会推动法学教学方法的巨大变化，而且可以使法学院所培养的学生的质量得到很大的提高。任何一项法律事务都是从调查和判断事实开始的，法学院学生调查和判断事实的能力应当是他们从事法律实务所需要的首要能力。但是在我国目前的法学教育中，很难有一种教学手段能够对学生调查和判断事实的能力进行有效的训练和培养。无论是课堂讨论还是案例教学，甚至模拟法庭教学，学生都是在给定案件事实的基础上讨论案件的法律关系，或者是在给定证据的基础上判断事实。但是，面对一个案件应当收集什么样的证据？怎样确立收集证据的方向？怎样去具体收集证据？又怎样固定证据？传统的教学手段很难帮助学生掌握这些调查事实的基本技能。显然，计算机技术在这个领域中有着广泛的应用前景。我们想，可以组织编写模拟案件过程的计算机软件，这个软件采取人机对话的形式，首先把纠纷或冲突的事实告诉学生，然后由学生来选择决定应当调查哪些事实，计算机根据学生对事实问题的提问，逐一将结果告诉学生，再由学生根据他所得到的调查结果去对事实做出判断，进而对法律问题做出判断，并根据自己的判断决定对案件的处理方式，如果决定起诉，则拟定起诉书，如果决定协商，则提出自己的协商方案。其次，计算机还可以对起诉或协商的过程进行模拟，学生在调查阶段如果对事实调查有遗漏，在诉讼或协商过程中将面临不利的局面。最后，这种模拟软件还应当具有评价功能，它可以自动根据学生调查事实的范围、顺序、方法，以及起诉书或协商方案的质量等内容进行评价，给出一个评价结果或评分。我们认为，这样一种计算机模拟教学不仅可以使学生调查事实的能力得到锻炼，而且还可以用于综合评价学生处理实际事务的能力，甚至可以用于对学生的考评，是一种值得深入探索的新的教学手段。

总之，法学教学方法的改革是一个复杂的过程，不能一蹴而就，需要在教学观念的转变、教学手段的革新等许多方面做出诸多努力，以形成一种全新的机制，保证新的法学教学方法能够形成并且稳定地坚持下去。

第二节　法学教育实践教学的改革

一、法学教育实践教学改革的必要性和重要意义

（一）法学教育实践教学改革的必要性

1. 传统的实践教学无法达到法学教育的培养目标

我国深受儒家文化影响，整个社会有"息讼""厌讼""恶讼"的情绪。法律在封建社会是治理百姓的专政工具，所以尽管在春秋战国时期就出现了法律，法学教育却并未兴起，也未形成独立的法学教育思想。这使得我国法学教育思想同其他学科的教育思想一样，以传道授业解惑为教学目标，忽略了实践技能教学。在这种教育思想的渲染下，我国的法学教育以解释和帮助学生理解法条为主要内

容，多是列举具体情形举例说明。学生往往并不是真正理解法条，而是依靠记忆具体情形认定法律关系，而当出现另一相似情形时，又陷入犹豫。

法律并非在真空中运行，也不是单纯的三段论推导，没有经过法律实践是无法真正学好法律的。在实践课程中学生成为实践课程的核心，必须人人动手参与法律案件处理，而教师转变教学地位，有针对性地进行指导，提供解决问题的技术支持并不直接告诉学生适用哪部法律、哪条规定。实践课程中教师所选择的案例是具有针对性和一定范围的，学生能够从头到尾地独立办案。实践教学给学生的空间更大，学生的收获也更大。

2. 实践教学促进理论教学同步、协调发展

部分法学教师理论造诣深厚，却缺乏法律实践经验。理论终究需要实践的检验，法学实践教学与理论教学应当同步发展，二者不可偏废。加强实践教学的改革，才能推动理论教学的推进和创新，法学教育才会生机盎然。

改革实践教学并不等同于实践课占据压倒性的时间。法治社会建设的进程中，法律正以惊人的速度被制定、修改，如果只教授理论知识，恐怕法学教育要成为终身制的教育模式。但是没有扎实的牢固的理论知识，实践教学活动就无法开展、不能深入进行。与其教会学生记忆、理解法条，不如在实践教学中训练学生的法律思维，只有当思想与法律无限接近，学生才会运用法律而不是复述法条。实践教学与理论课程、书本知识教学不能等同，也不能把法律社会实践与实践教学等同起来。当然，课堂教学侧重于理论知识、书本知识的传授、灌输，但课堂教学中也可以进行实践教学。物证技术实验、摄影实习、案例分析讨论，也都能在课堂上进行。无论如何，实践教学都需要建立在完备理论教学的基础之上。这里对理论教学和实践教学在教学目的、作用等方面的对比内容做了归纳，具体如表4-1所示。

表4-1 理论教学和实践教学的对比

对比内容	理论教学	实践教学
教学目的	引导记忆、解释法条	学会运用法律，掌握实践技能
教师的作用	学生被动学习	在教师的指导下主动学习
学生的自主性	课堂上学生听从教师的指挥	学生根据自己的兴趣做出选择
学习的动力	外在动力	学生的内在动力得到充分调动
学习内容的安排	挖掘学生的不足以补充授课内容	教师根据学生的特点开展教学

3. 促进法学理论研究的深入和创新

洪堡大学创办人、德国教育改革家威廉·冯·洪堡（Wilhelm von Humboldt）最先提出教学与科研相结合的思想。这一理论对大学教育具有十分重要的意义。从学校的角度出发，通过向社会输送人才，为社会进步和经济发展做出贡献，教学非常关键。而学术研究用以服务于未来的发展，攻克关键技术难题，由此理论科研也相当重要。法律是抽象的、概括的，理论则是具体的、复杂的，要将抽象的、概括的法律规则上升到法学理论，就必须联系实际，结合具体事例进行实践教学，从法律中提炼理论，用理论推动法律的修改和完善。实践课程为法学理论创新提供源头活水。这一点在程序法的研究方面显得更为显著。程序法的研究工作是不可能仅凭作图、记笔记来完成的，具备实战经验的法律职业者对此更有发言权。加强实践教学，结合案例、联系刑事侦查取证、结合法院庭审现场来进行讲授，介绍司法机关如何审查、认定证据，如何运用证据来证明案件事实，如何形成合法的证据链条……从而使抽象的程序法规则形成体系，学生能够对证据学理论予以理解，广泛搜集论点、资料，博采众长。

在当今知识经济时代，理论发展的速度越来越快，知识的总量也呈现几何倍数增长。一个法学学者要保持知识优势，就必须与社会实践接轨，实现本人知识体系的新陈代谢。我国迫切需要对法学实践教学进行改革，建立一种法学理论与实践相结合为主、以培养法律实践技能和法律职业道德为目标的实践课程体系。

（二）法学教育实践教学改革的重要意义

1. 有利于完善法学教育课程体系

《关于实施卓越法律人才教育培养计划的若干意见》要求法学教育把"传授法律知识与培养社会主义法治理念结合起来，把课堂教学和实践教学结合起来，培养出更多德才兼备的优秀法律人才"。理论课程和实践课程是法学教育这架马车上的两个车轮，不可偏废，否则法律教育这辆马车就会出现问题。没有实践课程的支撑，法学教育则无法称之为完整的学科教学体系。

高校法学各类实践课程之间大同小异，虽然有些课程加入了案例，但是无一例外它们都是着重传授理论知识的课程。理论课程依照教材的逻辑顺序讲授，但是显然高校教学评估指标中对实践教学提出了更高的要求。实践课时有保证、教学方法得当、成果较好仅仅达到C级标准，只有在高校进行系列的实践教学、课时充分、教学成果好的情况下才符合A级标准。理论课程无法达到的教学目标实践课程能够进行补充，避免了理论过剩而实践缺乏的教学现象。有充分的实践课程作为补充，法学教育课程体系才能完整。建设实践课程体系要正确处理实践课程与传统的理论知识性课程的关系，科学合理地构建实践课程结构与内容，与理论课程互为补充，形成完整的法学课程体系。

2. 有利于改善重理论、轻实践的教学局面

当前我国法学教育存在的突出问题之一即部分学生实践能力欠缺。法学院校重视理论教学，忽视实践教学的重要性，形成了重理论、轻实践的教学局面。法学教育本身是法律实践的一个内在部分，理论教学也具有极强的实践性。英美法系国家极为重视法科学生的实践训练，对法律职业技能和职业伦理道德要求也很高。改革后的实践教学中，社会法律援助、调解实务课程、取证技巧、司法口才等都应当纳入实践课程体系。

实践课程的教学目标是培养具有实践能力的复合型法律人才，要使学生掌握处理实际法律问题的程序，掌握调查取证方法和技巧，熟悉代理程序，具备司法机关、当事人沟通的能力。让法律职业者在实际办案中更为信手拈来，也使得理论教学与实践教学相互平衡，对于改善重理论、轻实践的局面具有十分重要的意义。

二、法学教育实践教学改革的思路与措施

（一）构建和完善法学教育实践教学支撑体系

法学实践教学培养模式需要具体的实施步骤，这就要逐步构建一个法学实践的合理体系，应坚持以法学综合能力、素质培养为主线，贯彻以人为本的教育思想，以促进学生创新能力和实践能力为根本，全方位、多视点地构建规范、完善、合理的实践体系。应该以法学教学应用型人才培养目标为指导，整合和开发教学资源和手段，搭建知识、能力、素质教育平台。这一法学实践教学支撑体系应该包括：法学实践教学的组织体系、课程体系、师资体系、保障体系、评价体系。

1. 构建法学实践教学的组织体系

要扎实有效地开展实践教学工作，还必须有相应的组织保障，否则在整个学校学习期间，因为每个学生的实践环节安排不同，时间又长，具体实践过程中涉及的人员和单位比较多，如果没有专门的组织机构进行统筹管理，就不能保证每个学生参与实践教学环节的质量，容易使实践教学活动流于形式。但如果完全由

教学管理组织实行全面的行政方式管理，必定要求投入较多的师资，加大管理成本。因此，设立比较合理、适用的实践教学组织机构是非常重要的。

第一，建立一个专门的实践教学的教研机构，由一到三名专职教师负责全面的实践教学工作的宏观管理，负责整个实践教学的科研、规划、督促检查、学生实践教学学分成绩的统计与认可等事务性工作，协调与实践教学各基地的沟通与联络。

第二，建立完善的校外教学实践基地，由基地的聘任教师负责学生实习、实践期间各方面的教育管理活动。

第三，以学生为主，以志愿者工作团队的形式建立大学生法律援助中心，让学生在该组织中自我管理，承担主要组织管理任务，教师和校外聘任教师则以顾问的形式，对法律援助中的专业问题提供指导和帮助。

第四，对于提高学生实践工作能力的模拟法庭及法律诊所课程，则以教师为主导，实行管理与教学、指导与参与相结合的方式，通过帮助指导学生，达到提高学生能力的目的。

2. 构建法学实践教学的课程体系

法学实践教学注重培养学生的创新精神以及实践能力，法学院校设置法学实践课程能够有效避免走出"象牙塔"的法学学生陷入只懂理论不会实践、理论与实践脱节严重的尴尬局面。当前法学院校实践教学存在模式单一，学生实践能力不强，应用型、复合型法律职业人才培养不足等问题，要满足社会以及学生日益增长的法学实践能力的需求，需要对当前法学实践教学的课程体系进行改进和创新。

综合考虑学生的入学时间、知识储备、实践经验等各方面因素，校方有针对性地设置一个由浅入深、由易到难的循序渐进式课程体系。在该课程体系下，不同年级的学生将有机会递进式地接触到不同类型的法学实践课程。这里以本科生为例具体阐述法学实践教学的课程体系的构建。

（1）大一法学实践课程

作为刚进入大学校园没多久的新生，大一学生关于法学实践的知识储备尚不完备，需要教师作为引路人带领他们认识、熟悉法学实践领域。这个阶段安排的法学实践课程难度不高，偏向于实践理论、观摩性质等。具体课程安排如下。

第一，"法律职业伦理培养"。"法律职业伦理培养"是法学实践类课程中最为基础，也是最为重要的，是法学院学生进入司法实践前的一门必修课。该课程教授的内容注重培养学生的职业意识和职业伦理观念，提升学生职业道德素养、职业荣誉感和认同感，同时要求学生掌握不同职业的伦理规范，包括法官、检察官、律师、公司法务等具有代表性的法律职业。

学校根据教学内容的不同会邀请不同法律事务部门具有丰富实践经验的专家进行该课程的教学，通常包括法官、检察官、律师或者公司法务等。在课堂教学过程中，实务专家会结合各自所在职业规范与亲身经历传授大一学生较为宝贵的法律职业伦理知识。

本课程的考核方式则是采取量化考核与操行评分相结合的方式。所谓量化考核，采取考试的模式；操行评分，审核学生平时的作风作为，考核学生职业伦理观念的养成。

第二，"真实庭审进校园"。"真实庭审进校园"，顾名思义，与学校有合作关系的人民法院选取近期几起具有典型意义的刑事案件或者民事案件，将真实的庭审过程"搬进"校园。

学校组织大一学生进行旁听观摩、学习庭审过程。在庭审中，旁听学生能够了解法庭纪律，熟悉整个庭审过程，知道庭审的重要环节。该类课程也能够有效地帮助大一学生真切感受司法庭审活动的进展，引导他们积极培养法治意识和法律思维方式。

第三，法学夏令营、冬令营实践活动。大一的两个小学期可以抽取其中的某一周或者两周，举办相应的法学夏令营或者冬令营。通常来说，法学夏令营或者冬令营的活动安排相当丰富，包括实践法学学科介绍、实践专家学术讲座、实践难题座谈研讨、学长见面交流会、模拟法庭、辩论比赛、参观访学、法律英语水平测试、法学专业水平测试、综合素质考察，等等。大一学生从中能够结交好友，获得宝贵的实践经验。

（2）大二、大三法学实践课程

随着法学专业课的深入学习，大二、大三学生的法学理论水平相较于初入学时已经得到了很大的提升，也能够参与、学习更为精细、复杂的实践类课程。具体课程安排如下。

第一，"法律诊所"。"法律诊所"前文已详细介绍，此处不再赘述。法律诊所的优点在于培养法学学生的职业技能和职业道德意识，特别是律师职业技能，有利于实现法学理论与法律实践的统一。这里提到的"法律诊所"教学活动的运行模式主要由两部分组成：课堂模拟教学与基地实训教学。其中，课堂模拟教学在于提高学生的实践理论素养，基地实训教学则能提高学生的实务技能。而学生参与实训的基地一般均是学校的法律援助中心。本课程最终的考核模式采取的是学生根据"法律诊所"的实践经历，书写相应的法学实践报告。

第二，"案例课程教学"。区别于传统法学理论教育中简短的、易懂的虚构案例，案例课程教学选取的教学案例均来自司法实践，通常有多个争议焦点，具有极高的研究价值。该课程所面向的学科主要有刑法、民法、刑事诉讼法、民事诉讼法等传统的法学学科，也包括知识产权法、公司法、证券法等近年来较为热门的法学学科。该门课程采取的是小班化讨论的模式，老师、实务专家引导学生从理论往实践发展，学生则是参与讨论，提炼争议焦点，进而提升自身的案例分析能力。

本课程的创新点在于，高校老师仅作为课程的主持人，介绍每次案例课的主题，而真正讲解案例内容的主讲人是各界的实务专家，如律师、检察官、法官等。本课程的考核方式，同样是量化考核，包括课堂表现、课后案例作业完成情况以及结课考试等。

第三，"模拟法庭"。"模拟法庭"一直被各法学院广泛采用，是法学实践课程的重要模式。模拟法庭通过案情分析、角色划分、法律文书准备、预演、正式开庭等环节模拟刑事、民事、行政审判及仲裁的过程，增强学生对法官、检察官、律师等司法角色的了解和认知，使学生能较好地将所学的实体法与程序法融会贯通，熟悉庭审规则、掌握庭审技巧，培养学生司法实践能力和实战经验。

模拟法庭环节同样需要邀请各界的实务专家，如法官、检察官、律师等，由他们对学生做模拟法庭的专业指导。本课程的考核方式主要是考察在模拟法庭之后学生对刑事诉讼、民事诉讼、行政诉讼基本程序的了解程度，以及对我国三大诉讼法具体诉讼制度的理解，掌握案件审判的具体操作过程。

（3）大四法学实践课程

经过前三年扎实的法学实践学习，大四学生需要更为专业化的培训，提升自身的综合素质，为毕业后走向工作岗位或进一步深造打下良好的基础。具体课程安排如下。

第一，"法律助理见习"。"法律助理见习"旨在通过司法实践，提高学生运用法学感性知识和基本技能，巩固和运用所学理论知识、培养学生独立分析和解决实际法律问题的能力。

以往的毕业实习都是学生自己找实习单位，具体实习内容也比较随意，很有可能达不到提升自身法学实践能力的目的。此番法律助理见习项目的创新点在于，学校与校外的法律实务部门（如检察院、法院或者律所）合作、签订协议，建立起校外实践基地，向校外实践基地输送优秀的大四学生，成为检察官助理、法官助理或者律师助理等。助理见习的内容主要由校外实践基地的实务老师来安排，包括了解诉讼或者非诉流程、书写法律文书、与委托人或当事人等角色进行深入交流等。

本课程的考核方式要求学生在见习项目结束之后撰写相应的见习报告，以及结合见习经历书写与司法实践有关的见习论文。

第二，"实践经验交流会"。"实践经验交流会"是指在经过四年的法学实践教育之后，大四学生向其他年级的学生分享本科时期学习法学实践课程的相应经验、教训。本交流会是由高校老师主持，大四学生做主要内容的分享。在交流会的尾声，其他年级的学生根据分享的内容向大四学生提问。该交流会同时也为本科生的大学生涯画上一个圆满的句号。

3. 构建法学实践教学的师资体系

教师是法学实践教学的指导者，法学实践教学的效果在很大程度上取决于教师的素质，然而部分教师为了职称、学术地位、学术论文等，往往把大量的精力放在法学理论的研究当中，不太关注法律实践问题，没有法律理论应用于实践的意识，没有具体的法律实践经验。教师缺乏法律运用能力，很难指导学生实践，而从事法律实务的教师，又将主要的精力放在实务工作中，无暇指导学生的实践课程。

针对法学实践性教学师资薄弱的现实，应该尽快加强实践教学教师的培养，建立师资队伍体系，目前可以采用"请进来，走出去"的办法。

第一，请进来。要通过政策引导，吸引高水平教师从事实践环节教学工作，法学院可以聘请富有经验的法官和律师担任实践教学的指导教师，讲授与实践紧密结合的课程，让法官和律师等指导教师将鲜活的经验传授给学生，使学生接触真实的法律实践。

第二，走出去。法学院应该创造条件，鼓励教师参与实践，在不影响教学科研工作的同时兼职，参与法律实务工作，如代理案件、担任法律顾问等，通过接触实践，提高指导学生实践的能力。同时，法学院通过建立实践基地等场所，将有志于此的专业教师脱产半年到一年送入法院或律师事务所进行实践培训，亲身接触法律实务，体会法律实务工作，对实务中的问题进行认识和思考、探讨和研究，提高运用法律的能力和理论联系实际的能力。当然，对于教师参与实践，应当注意加强管理。

4.构建法学实践教学的保障体系

构建法学实践教学基地、法学实践教学实验室，建立实践教学的各项规章制度，加强教师与学生、学生与学生、学校与社会的沟通，多方筹集资金，为实践教学提供强有力的保障。

（1）法学实践教学基地的建立

实践教学基地建设是实践教学的重要支撑，是理论课教学的延伸，是促进产、学、研结合，加强学校和社会联系，利用社会力量和资源联合办学的重要举措，是确保实践质量和增强学生实践能力、创新能力的重要手段，建设高质量的实践教学基地直接关系到实践教学质量，是培养复合型应用型人才的必备条件。

实践基地要能够提供基本的生活、学习、卫生、安全等条件，考虑到节约实习经费，应就近建立实践教学基地。为了规范双方的权利义务，便于规范化的管理，应签订必要的协议书。同时，实践教学基地建立以后要加强联系，巩固双方合作基础，可以考虑每年定期与实践教学基地负责人联系、沟通，召开实践教学基地人员参加的联谊会，组织实践教学基地负责人座谈，听取他们对实践教学基地建设的意见，感谢他们的支持。

本着"互惠互利，共同发展"的原则，在完成实践教学任务的同时，帮助基地培养人才，培训业务骨干，提供相应服务；聘请实践教学基地的专家为学生做报告、担任兼职教授，指导学生的毕业论文（设计）和答辩，做学生的导师，以巩固双方合作的基础，这样有利于实践教学基地的长期稳定。

（2）法学实践教学实验室的建立

在实践中，应大力加强实验、实践教学改革，重点建实验教学示范中心，推进高校实验教学内容、方法、手段、队伍、管理及实验教学模式的改革与创新。法学实践教学的实验室主要有模拟法庭、法援中心、多媒体诊所教室等，要加大投入力度，为法学学生提供必要的实践条件。模拟法庭实验室，是模拟法庭教学必备的场所，也是校内法学实践教学的重要基地，国内许多著名大学均建有功能齐全的模拟法庭实验室。模拟法庭实验室一般最小应该容纳一个班的学生，包括必要的实验设备和设施等。大学生法律援助中心也是校内的法学实验室，学校应对法学学生实践课程进行管理，由于需要接待来访者，因此应当建立固定的场所，提供必要的设施和经费保障。

(3)法学实践教学规章制度的制订

实践教学课程能够顺利地开展起来并长期地进行下去,其管理难度要远远超过课堂教学,如果仅靠教师的工作积极性、学生的能力和热情,将很难保障这项工作的长久开展。因此,需要将其制度化,以保障其成为一项常规工作,而不是一项短期活动。法学院应针对实践教学的各个环节,进行规章制度的建设,使法学实践教学在一个制度体系的层面上开展工作,保障其长久性与稳定性。如为了保证实践教学,法学院应该制定《实践教学安排及要求》《实践教学各模块考核细则》《实践课指导教师职责》《实践教学指导规范》《实践课成绩考核办法》等规章制度,保证教学计划要求的实践教学内容能够顺利实施。

(4)法学实践教学沟通系统的建立

由于法学实践教学具有开放性、互动性、分散性、自主性等特点,因此要建立一套沟通系统,保障教师和学生、学生和学生的交流沟通,而网络技术的运用促进了优质教学资源的共享和学生的自主学习,是实现这一目标的有效途径。网络教学系统具有灵活、快捷、开放、交互等特点,可突破地域的限制,建立多元交互的学习环境。早些年,教育部也提出了要积极推进网络教育资源开发和共享平台建设。

构造方便的交流环境,模拟现实世界的交流环境,是建立法学实践教学网上沟通体系的一个重要的问题。网上的交流环境是多方面的,包括文字交流、语音交流、视频交流等。通过电子邮件,学生能够很容易地从教师那里获得个别化的学习指导和帮助;通过微信,身处异地的学习者可以轻松地跨越时空走到一起,共同分享学习经验和体会,共同探讨或解决学习上遇到的困难和问题,从而培养他们之间相互协作的精神,并增进彼此的了解和友谊;通过网上讨论区域,学生可以探讨疑难、热点、前沿问题,从而激发学生学习积极性和主动性,提高教学效果,弥补法学实践教学教与学时空分离的问题;同时利用网络进行法学实践教学,获取教学资源,开展教学活动,学生自主地依靠网上资源进行学习,有利于培养学生利用网络进行信息的获取、分析、加工的能力,从而有利于学生信息能力的培养。

5. 构建法学实践教学的评价体系

完善科学的实践教学评价考核体系,健全法学实践教学管理和监督机制对教师教学的评价,要考虑到实践教学的评价体系是一个动态复杂的现实问题,关系到实践教学的质量控制与质量保障问题,关系到实践教学秩序的稳定和教学质量的提高问题。评价体系包括课程的设置是否合理、大纲是否完善、方案是否具有可操作性、教师是否尽职尽责、学生的任务与要求是否明确、实施的方法和步骤是否可行、学生的能力是否有所提高、经费的使用是否有所保障、管理监督的措施是否到位、考核的内容是否全面和合理、教学效果是否有明显提高等方面。对学生的考核，要实行量化指标考核。例如，规定每个学生四年大学期间至少代理或办理一个民事案件或刑事案件，使学生对案件的事实认定、证据分析运用、法律适用和诉讼程序进行真实的把握和体会；规定学生年终实习和毕业实习累加时间不得少于6个月，以确保学生参加实践教学的时间，教学管理部门对学生的实践活动要做出积极、合理的安排。要改变现有的应试教育考试制度，要从多角度、多层次设计。建立多点式考核评价制度，把着眼点放在学生的知识掌握、能力发展、素质提高上，以学生思想道德、文化素质、知识掌握、法律思维、法律实际操作能力、合理交流能力等为内容，形成学生学业评价体系指标。

健全法学实践教学的质量评价体系关系到教学质量的高低，关系到人才培养质量的好坏，因而质量评价的重要性也就不言而喻。传统的法学教学评价体系，通常注重的是理论教学质量的评价，忽视了实践教学环节教学效果的考量。应当充分认识到实践教学的重要地位和作用，从人才培养目标、课程设置的合理性与实用性、课程实践的社会效果、教学方式和技巧、学生掌握知识程度的考核等多方面制定一套科学、系统而切实可行的评价方案和操作细则，从而保证法律教育既履行"育人"的教育功能，又履行法律援助的社会义务，实现真正的高质量的教育价值和社会价值。虽然在具体评价机构的设置、评价方法的采用及实施等方面，需要在充分考量各学校的具体情况后予以组建和设置，但是在总体上应当做到评价主体的多元化，评价指标、评价手段和评价目标的多样化、科学化。

学校要建立和完善实践教学管理的各项规章制度，调动学生参与实践教学的积极性，建立实践教学教师激励约束机制，加强实践教学环节管理，确保法学实践教学秩序稳定，促进法学实践教学质量的提高。

（二）构建和完善法学教育实践教学运行体系

1. 构建高校法学教育实践教学实验室

传统观念认为，法学并不需要实验室，但法学专业的实践教学要真正融入社会实践中，比如，以校外合作单位、课外实践活动、校园实习等方式进行。但是，根据现代教育理论，法学的实践教学更需要实验室，而且实验室的种类要更加全面与丰富。

（1）模拟法庭实验室的构建

模拟法庭实验室是比较有效的实践教学手段之一，在模拟法庭实验室中，法学专业学生能够将理论知识加以应用和实践。为了提高模拟法庭实验室的教学效果，学校需要建设专门的、完备的模拟法庭，引进法院正式的案件审判活动，以满足学生经常性开展模拟法庭审判活动的需求。

（2）刑事侦查实验室的构建

在刑事侦查实验室中，涵盖了刑事侦查的各主要部分，如刑事照相室、心理测试实验室、痕迹物证实验室等，这些实验室能够方便学生进行侦查技术、提起公诉实务等课程实验学习。

（3）法律援助实验室的构建

为了拓宽学生实践的途径，可以在校园内建立法律援助实验室为社会公众和弱势群体提供法律援助。设置法律援助实验室，需要学校提供专门的场地、设备等硬件设施，打造真实的法律服务场所，使学生能在真正的法律服务活动中，体验到真实的司法实践。同时，法律援助实验室还可以细分为律师与公证实务、企业经济法律实务等部分，并设置相应的教学实验室。

（4）卷宗阅读实验室的构建

卷宗阅读实验室储存的是真实的司法案例，在卷宗阅读实验室，学生可以真正地了解某一案件从结案到执行的全过程。同时，卷宗阅读实验室也承担着相应的法学实践教学任务，如相关法律文书写作、法条记忆、案例分析等活动，都将在此实验室举行。

2.优化法律教育实践教学方法

在法学专业教学实践中，有各不相同的教学逻辑法则。整体来看，应用比较多的抽象方法，主要有归纳、演绎、分析、对比、综合等，运用这些抽象方法，能提高学生的逻辑思维能力。另外，应用比较多的具体方法有辩论、枚举、实证、设疑、评析等，运用这些方法能促进学生法学专业能力的提升。这些方法共同构成了法学教学基本方法体系。其中的每一种方法都不是独立的，而是有机联系、相互影响的。在实践教学中，首先，要对不同课程的教学目标、评价方法、反馈机制等，进行清楚明确的界定。其次，教师要采用多种方法，引导学生积极参与到法学专业实践教学中来，形成师生共同学习、互动交流的良好课堂气氛。最后，要加强学生的社会实践教学，通过采取"学生走出去，专家请进来"的方式，打破法学专业实践教学相对封闭的教学模式，使学生能在社会大学校中，主动接受更多理论与实务界专家学者的教育，从而更好地发挥实践教学的作用，促进学生专业素养的提升。

第三节　法学教育师资团队建设的改革

一、未来对法学教师提出的职能和素质要求

教师是教育制度的基本因素。21世纪法学教育发生了一系列深刻的变化，法学教师的职能和要求也将随之发生变化。

（一）教师职能的变化

第一，教师将成为民主法治建设中生气勃勃的参与者。现代大学已超越象牙之塔，承担起更大的社会责任，将成为"新思想的源泉、倡导者、推动者和交流中心"，成为仅次于政府的"社会的主要服务者和社会变革的主要工具"，教师的功能不仅是"传道、授业、解惑"，更要广泛、主动地参与学校生活的所有决策，而且要积极地参与到国家民主与法治建设的进程当中，以自己精湛的专业知识和卓越的专业能力负担起"思想库""智囊团""信息网"的职责，成为依法治国的生力军。

第二，教师将成为学生的"向导""顾问"及合作者。知识更新速度的加快，使得师生关系发生变化，教师将以更加平等、民主的身份参与教学过程，鼓励学生积极参与，唤起学生的兴趣、好奇心和个人热情，使学生学会工作、研究。教师将由知识和技能的传授转向激励学生思想，对学生现行的思维、感知、行为方式的选择提出建议；教师作为一位顾问、一位交换意见的参加者、一位帮助发现矛盾论点而不是拿出现成真理的人，激励和促进学生的全面发展；因特网的飞速发展与广泛应用要求教师具有基于网络进行教学的能力，教师将成为学生通过网络资源而学习的引导者、辅助者、促进者和合作者。

（二）对教师素质的新要求

1. 胸怀理想，充满激情

任何教师要想有高的成就、高的水准，必须要有远大的理想，永远憧憬明天，不断地给自己提出追求目标，同时又要有激情。优秀的教师会永远追逐自己的梦

想。教育的复杂性和丰富性是其他事业所不具备的，它要求教师富有更高的灵性与悟性。只有具有强烈的冲动、愿望、使命感、责任感，才能够提出问题，才会自找"麻烦"，也才能拥有诗意的教育生活。

2. 关注人类命运，具有社会责任感

教育更重要的是培养学生一种积极的生活态度，以积极的生存心境、积极的人生态度对待生活。只有教师的社会责任感才能塑造学生的社会责任感。学校的世界和外面的世界是息息相关的，要使学生更好地生活，要使今后的社会更加理想，教师要首先具有人文关怀精神，当学生离开学校的时候，带走的不仅仅是分数，更重要的是带着对未来理想的追求。

3. 追求卓越，富有创新能力

教师应该是一个不断探索、不断创新的人。他要具有反思教育的能力。21世纪，教育改革将更加频繁、广泛和深刻，教师将面对各种新的教育思想、资源、模式、过程、手段与方法，因而要求教师不仅要自觉地在情感、意志上不断调适，而且要具备能够分析、讨论、评估和改变其教育思想与教育实践的能力；要具有追求卓越、不断创新的能力。变革和创造将是21世纪人们生存和发展的基本方式。教育者要将学生培养成为会创造之人，自己必须首先成为一个自信、自强，不断挑战自我、富有创造精神和能力的人，应该能不断地追求成功。进而，通过言传身教和人格魅力，燃起学生创新的激情和勇气。

4. 善于合作，热爱学生

未来社会的竞争将日趋激烈，同时，通过合作共同应对面临的各种严峻挑战也日益成为必然选择。激烈的竞争使人们承受巨大的心理压力，密切的合作又要求人们能相互理解和支持。无论是竞争还是合作都要求人们和谐相处。具有团队精神的教师才能培养出善于合作的学生。热爱学生是教育力量的源泉，是教育成功的基础，只有投入全身心的力量去爱学生、爱教育，才能赢得学生的爱戴，才能获得事业上的乐趣。

5. 勤于学习，不断充实自我

随着知识经济时代的到来，知识更新的周期日益缩短，面对教育技术和专业知识的加速老化，教师必须具有终身学习的能力，应当不断更新思想观念，掌握新的信息和教育技术，不断更新自己的知识、能力或素质结构，应当适应不断变化的教育、社会和时代，应当不断创新教育以满足人和社会发展的需要。

二、法学教育师资团队建设改革的思路与措施

（一）建设专门的实务型教师队伍

法学是一门实践性和技术性很强的社会科学，法学教育中的实践教学环节在法律实务型、创新型人才培养中具有重要作用。我国法学教育应确立实践教学的主体地位，加强实务型人才的培养。这就要求务必把实践教学作为能力培养的主战场，建立以实践教学为主的实务能力培养体系，建立新的教学管理体制，构建适应实践教学的师资队伍。

培养具有实务能力的人才必须要有适合于实务能力培养的教师队伍。当前，高等学校中现有的师资中这类人才很缺，我们必须加大师资队伍建设的力度，加紧培养一批能力强、水平高、负责任、有事业心的、具有丰富法律实务经验、适合于实践教学的"双师型"教师队伍，以适应实务能力强的人才培养的需要。

法学是一门与社会紧密联系的实践性极强的学科，而我国的部分法学教师是从学校到学校，对法律的认知大多来自书本，知识结构一般为纯理论性知识，缺乏法律实践工作经验，其教育教学也主要是以传授理论知识为主。虽然目前高等学校中部分法学教师兼职从事律师或仲裁员工作，但总体数量并不大。虽然我们强调要加强对学生实践能力的培养和训练，但我们的法学教师总体上却缺乏实践活动的经验。虽然从理论上讲，没有实践经验并不意味着一定不能从事实践性内容的教学，正如俗话所讲的："秀才不出门，便知天下事。"然而，"纸上得来终觉浅，绝知此事要躬行"。没有一批能实际从事法律实践工作并始终跟踪法律实践发展步伐的法学教师，法学院系的实践性教学效果必然会受到很大影响。为了推进实践性法学教育，高校法学院系应鼓励教师适当参与社会实践。例如，让部分教师去做兼职律师、仲裁员、企业法律顾问以及公司独立董事。这样不仅为开设实践性课程准备了师资条件，而且在理论性课程中也坚持理论联系实际，将经典案例与法学理论有机串联起来进行讲授。如果为学生开设实践性课程的教师具有丰富的法官、检察官、律师或仲裁员实务经验，就可以扮演好"双师型"教师的角色。另外，还可以从校外聘请兼职教授，开展与校外法律实务部门和相关单位的合作，建立校外实训基地。安排兼职教授定期或不定期地为法学院系的本科生和研究生进行法学讲座、专题学术报告，从而有利于学生获得来自实务部门的最新信息，有利于促进学校建立与实务部门的长期、稳定的合作关系。

（二）推动教师积极开展科学研究

开展科学研究是提高法学教师素质的重要途径之一，有利于法学教师确立一种建构主义的知识观与获取观，有利于法学教师成长为一名建构主义教师。需要强调的是在开展法学学科的科学研究的同时也应积极开展教育科学研究活动，这样才能将先进的教学理念和思想自觉贯彻到教学实践中来，同法学学科的科研活动相互促进共同发展。

1. 开展教育研究活动

一般来讲，建构主义的教学对法学教师素质的要求不是降低了，而是更苛刻了。法学教师再也不能单纯地讲授知识，而是要引导、帮助学生建构知识。在某种程度上，辅助者的角色比主导者更难扮演，尤其是在当前法学教师对辅助者角色还不太适应的时期。在知识建构的过程中，法学教师要向学生提供类似于真实情况的教学情境，要设计出能引起学生持续的期待的真实问题，要预备能给予学生帮助的概念框架，要注意学生在建构知识过程中的表现，并对他们的表现及时给予中肯的评价，还要编制有针对性的强化练习题等。所有这些工作都要求法学教师进行潜心的教育研究工作，努力掌握应用于建构性教学的方法。建构主义教学观的历史虽不悠久，但也发展出了相应的教学方法，其中情境教学法、支架教学法和随机访问教学法比较有代表性，值得我们研究和借鉴。

根据学者长期的理论和实证研究，法学教师参与教育科学研究可以显著地提高其素质。这主要表现在以下方面。

第一，它可以使法学教师更进一步掌握教育规律，了解教育发展的新趋势，提高他们对教育理论的认识，从而更好地从事教育工作，更自觉地为建设中国特色社会主义教育体系做出努力。

第二，法学教师可以校正自己头脑中的一些陈旧的教育观念，形成适应社会发展需求的新的教育观念。陈旧的教育观念不摒弃，法学教师就不会从根本上改革自己的教学方法。参与教育科学研究的一个好处就是，在教育科学研究中，通过与专家的交流和自己潜心的琢磨，会使自己的教育观念得到部分或全部的重建。

第三，法学教师可以形成对自己教学活动的自觉意识。教学监控能力是教师素质的核心成分，其实质是教师对自己教学活动的反思与调节，是教师对自己教学活动的自我意识。通过参与教育科学研究，法学教师将逐步养成对自己教学活动的经常性反省的习惯，这样，法学教师的教学监控能力就会得到提高。

第四，法学教师可以从中学习到新的教学方法和教学策略，从而改善其教学行为。

2. 开展法学学科的科研工作

首先，法学学科的科研活动有助于提高教师的本体性知识和业务素质，有效地提高授课质量。建构主义知识观认为，知识不是凝固不变的，是不断发展变化的，而大学教科书上的知识却是固定的，书本上的知识总是不能满足培养人才的需求，书本和时代要求之间的知识断层必须由教师来填补。建构主义理论要求法学教师必须通过从事科研工作，不断地吸取法学学科领域最前沿的学术成果来充实自己的大脑，丰富自己的教学内容。科研工作要求从事它的人必须对知识丰富积累、广泛获取、严格整合、认真梳理，建立起有自己特色的知识体系，跟踪国际国内最新学术动态，及时了解反映本学科高水平的科研成果，确立自己的研究方向，在前人工作的基础上有所发展和超越。从事科研工作的教师，在讲授中会自然地把这些新知识贯穿到课堂教学之中，使课讲得恰当、适度、具体、亲切、富于实际感受，以激发学生的科学研究的兴趣和灵感，有利于教学质量的提高。教师只有不断从事科学研究，才能不断学习和吸收新知识、接触新事物、研究新问题，将最新的思想、方法、成果引入教学中，引导学生从事科学研究，开发学生的心智潜能。否则，教师总困在基础教学中，久而久之，水平必然退化。

其次，教师在从事科研工作的过程中，会形成一种特殊的精神气质，包括创新意识、实践精神、好奇心和进取心、独立探索的自觉性，以及对现状的不满足和怀疑精神等。这些都是一个法学教师应该具备的人格和品质特征。在教学过程中，教师身上的这种独特品质会无形地散发开去，潜移默化地影响学生，使学生受到鼓舞，受到启迪。富于科研经历的老师，他的讲课富于启发性，能引起学生的讨论、争辩，从而激发学生的兴趣，而如果一位高校教师缺乏科研创造的切身体会，就很难做到这一点。心理学有一句名言——只有性格才能培养性格，就高校培养学生的创新精神特质而言也是同理。

最后，科研有助于提高教师的学术品位，美化教师的自我形象，在学生中产生良好的声望。如果一个教师不从事科研工作，对于所教的内容只能仅限于一般性理解，教学过程中就不会有自己独特的思想火花，学生从他那里学到的只能是一些现成的概念和结论，绝不会在创新意识和创新能力上得到提高。高校教师从事科研，不断取得科研成果，能够美化自身特质，开阔自己的心胸，赢得学术界的好评和赞誉，提高自己在学生心目中的地位。

（三）增加法学教师司法实践经验积累

法学教师在法律实务部门兼职，是现代法学教育中师资队伍的重要建设模式，加强兼职法学教师队伍建设是优化法学教育师资队伍的重要举措。实践教师队伍建设是加强实践教学的基础和核心。通过完善建设机制，逐步形成一支结构合理、人员稳定，既具备扎实的学科理论基础，又懂专业操作，实践能力强、教学效果好的实践教师队伍。

1. 明确法学教师参加法律实践的必要性

（1）法学教学的需要

法学教育中单调刻板的理论框架阐释和学院式的教学法，与日益增多的实践型和实用型人才的需求之间的矛盾十分突出。在民法、刑法、行政法、经济法等各部门法的讲授中，教师仍然单纯地讲解条文，通过分析条文得出正确结论，已经不能适应现代法学教育的需要。因为在现实生活当中，条文的分析必须与事实的认定、人际关系的处理、利益的冲突、特定的文化和道德风尚以及各种社会状况相结合。

（2）提高学生法律实践技能的需要

学习法律的学生，都希望自己毕业后有较强的实践技能。实践技能包括机敏的思维、雄辩的口才，以及对案例实际分析、运用法律的能力，也包括掌控诉讼过程、制作各种司法文书的能力。培养学生的实践能力，主要通过到法院旁听、参加模拟法庭、实习等环节来实现。这些环节的开展都需要教师的指导，教师如果本身不具备这些能力，根本不可能进行指导。

（3）进行科研、实际理论创新的需要

法学教师在写论文、做课题的过程中，不仅要有扎实的理论知识，而且要有广博的社会学、伦理学、经济学、逻辑学等方面的知识，还要了解社会的各个领域，同时具有一定的司法实践经验。通过实践我们可以深入实际，从中掌握新情况、发现新问题、收集新材料、选好研究课题并开展独创的、新颖的研究。这也是法学教师指导学生的毕业论文的要求。一般来讲，教师数量少，学生多，一名教师要指导很多学生，而且学生的论文写作方向很分散，这就要求教师对新的法律、法规有所熟悉，同时对新的法学理论有所掌握。这些都要求法学教师多参加教研会，多看法制类电视节目，多关注人民法院的司法解释。

2.优化法学教师参加法律实践的途径

（1）代理案件

法学教师可以做民事诉讼案件、行政诉讼案件的代理人，也可做刑事诉讼案件的辩护人。法学教师应当不断学习，努力提高专业能力，通过司法考试获得执业律师资格，通过打官司来丰富自己的实践能力。有的同学没有通过司法考试也不要紧，只要具有一定的知名度，取得诉讼代理人或是辩护人的资格还是不难的，原则上只要当事人信任并授权委托即可。自己的朋友打官司没有请律师或者请不起律师，法学教师也可主动提供司法援助。有条件的院校还可以成立一个律师事务所，对外营业，并为社会上的弱势群体提供无偿的法律援助。

（2）和当地的人大法工委、法制办、司法局进行合作，开展培训

各高校具有较完善的教学设备、师资和较好的常规管理机制，并且办学历史比较久，在当地信誉较高。当地政府法制部门的培训一般都放在高校进行。法制部门的培训通常为一年两次，人员为各部门的行政执法人员。这几年我国法律的更新速度相对较快，每年法制部门都要组织各部门学习新的法律。随着市场经济的发展，社会对法律知识的需求也越来越大。有法学专业的院校可以和司法局联系开展一些面向社会的法律培训，如面向私营企业人员的劳动法培训、面向律师和其他法律工作者的继续教育、面向中小学校长的教育法培训等。

（3）高校选派教师到法律实务部门兼职

选聘到法律实务部门兼职的法学专业骨干教师，应当具有较高的思想政治素质，认真学习中国特色社会主义理论体系，模范践行社会主义法治理念；具有高级专业技术职务、较强的业务能力，能够帮助法律实务部门分析、解决疑难复杂案件；忠实履职，能够在聘期内完成相应的实务工作。

到人民法院、人民检察院、公安机关兼职或挂职的教师，还应符合《中华人民共和国法官法》《中华人民共和国检察官法》《中华人民共和国人民警察法》等有关法律法规规定的任职条件和资格。选聘担任法律实务部门行政领导职务的，还应具备正高级专业技术职务和较强的组织管理能力，符合《党政领导干部选拔任用工作条例》规定的任职条件和资格。

（四）强化法学教师培训

法律是动态的，是不断发展的，所以法学教师必须有职业敏感度。有必要通过培训，逐步打破狭隘的教师培训思维，致力于建立职前职后一体化、职后培训多元化与常态化的法学教师终身教育体系。

法学教师培训作为在职法学教师继续教育的一种重要形式，经过多年的发展，已经走上了大规模、全员性、常态化的道路。换言之，加强教师的培训，使其在教师的专业成长中产生更加积极的影响已经成为政府及其相关部门的责任和义务，而在职法学教师接受培训也已成为一项必不可少的日常行为。在这样的背景下，有效推动教师培训的专业化进程无疑是一项重要任务。所谓教师培训专业化，是指为在学校教育教学相关领域有研究专长的专业人员有目的、有计划、有组织地设计、实施教育活动。推动法学教师培训专业化的目的有二：一是促进法学专业教师观念、知识、能力、行为等的变化，使之既符合教育改革的要求，更符合教育发展与法律学生成长的规律；二是促使培训课程设计、方式选择、组织实施、评价反馈等过程逐步符合法律专业化的基本要求。但要使培训能够对教师的成长与发展产生深层的触动，仅有这样的认识还远远不够，还应该在更高层面上建立教师自己对培训的认识。

第四节　法学教育质量评估体系的改革

教育质量评估是保证教学质量的有效手段。以美国为例，美国的法学院虽然多，但是获得美国律师协会（American Bar Association，ABA）认可的却不到100家。只有获得美国律师协会认可的法学院校的毕业生，才有资格参加全美法律职业资格考试。即使仅在各州执业也需要获得各州律师协会认可才能从法学院校毕业，才可以获得资格。目前我国虽然出台了《高等学校法学专业教学工作合格评估法案》和《高等学校法学专业教学工作优秀评估法案》，规定了法学教育评估的基本内容，但评价机构一般为教育主管部门，其作为高等院校的上级主管部门对于评估结果缺少第三方的客观性。

完善法学教育考评机制，首先，应设置科学的评价指标，科学的评价指标应该涉及课程设置、师资力量、学生研究和实践能力。对于已经开办多年但是法学教育质量仍达不到评价指标的，应限期整改或取消其办学资格；对于新成立的，应采取定期回访，设定办学初始周期、办学成熟周期、办学完善周期等不同阶段的评价标准和评价方式，以保证法学教育的质量，进一步完善法学教育评估与激励机制。

其次，建立健全法学教育质量的市场反馈机制。毕业生的就业状况一方面反映了市场对于该专业的需求程度，另一方面也反映了市场对该学科教学的认可程度。法学毕业生就业率持续走低无疑体现了法律人才供求关系不平衡，法治人才培养与法律市场需求之间的不相适应。对此，应有效利用法律市场大数据的优势，为法学学科的发展及法律人才培养提供参考标准。通过毕业生就业数据分析、毕业生回访、毕业生跟踪调研等方式增强市场对于法学教育的反馈功能，从而为法治人才培养指明方向。

最后，改革考试制度。目前，我国法学院校的考试基本采用笔试的方式进行。高校有必要在改革笔试方式的同时，增加口试的内容。不管是笔试也好，口试也好，均要严格把关，绝不能流于形式，从而提高法学学生学习的积极性和主动性，也能通过考试测验出法学学生的真实水平和法学教师的课堂授课效果，促进提升法学教育质量。

第五章 应用型法律人才培养模式构建

应用型法律人才培养模式是我国法学教育应用型人才的全新培养模式,为我国深化法学教育的改革提供理论指导和参考依据,为我国早日培养出满足中国特色社会主义现代化建设需要的应用型法律人才而铺平道路。本章分为应用型法律人才培养模式概述、应用型法律人才培养的具体方式、应用型法律人才培养模式的价值和构建路径三部分。主要包括应用型法律人才的基本内涵,应用型法律人才培养模式的内涵及构建原则,应用型法律人才培养的目标、课程体系和内容、方法、考核评估,应用型法律人才培养模式的价值等内容。

第一节 应用型法律人才培养模式概述

一、应用型法律人才的基本内涵

国家法律人才或准法律人才,是法律规范的践行者,是国家司法系统运行的工程师,是国家法治文明发展的改革家。同时,法学是一门应用型学科,着重培养应用型法律人才已成为时代趋势。

目前我国学界对应用型法律人才的定义存在以下几种看法:①应用型复合型人才,意在培养未来在立法机关、司法机关、行政机关、各类法律服务机构工作以及从事企业法务等工作的优秀人才;②应用类法律人才,又称法律实践者,主要指法官、律师、检察官以及立法人员、公证员等;③应用型法律人才是将法律专业知识和技能应用于法律实践的一类专门人才。以上基本上对应用型法律人才的定义没有分歧,即都认为应用型法律人才就是专门将专业法律知识应用于现实社会中解决相应的法律问题的人才。作为应用型法律人才必须具备以下能力。

①扎实的法律专业基础知识、深厚的法学理论功底和敏捷的法律思维。法律专业基础知识是培养应用型法律人才的基础和前提,没有基础知识作为铺垫,应

用型人才的培养必定是盲目的,通过法学实践课程所获得的知识也必定是零散的。这就要求法律人才夯实自己的专业基础知识,全面掌握、深化理解并消化吸收。首先,掌握扎实的法律专业知识是成为应用型法律人才的基础和前提,是用法律方法解决法律问题的必备条件。法律是法律人才的行为规范及活动准则,是法律实践者进行法律实践活动的必备条件。其次,掌握法学理论知识是法律人成为应用型法律人才的保证。法律人才的知法不仅要熟悉重要的法律规范,还应明白相应的法学理论。法律法规不可能十全十美,具有不足性和滞后性,因而法律人才不仅应当"知法",而且需要熟悉国家的法律体系,应知道法律为什么这样规定,做到既知其然,也知其所以然。最后,应用型法律人才还应当具备运用法律思维对各类社会现象与事件进行判断的能力。应用型法律人才不仅要解决诉讼案件的法律问题,还需要解决各种非诉讼案件的法律问题,这不仅需要他们具备丰富的法律专业基础知识储备和熟练运用法律的能力,还需要他们在掌握法律专业知识的基础上,能运用法律思维分析和判断具体法律问题。

②较强的法律应用能力。这是应用型法律人才必须具备的一项能力。法律应用能力是指法律人才能将专业知识与法律应用相结合的能力。具备法律应用能力者不仅能运用法律专业知识切实解决法律实践中的问题,还能通过解决法律实践中的问题丰富自身的法律专业知识,进而增强法律应用能力。这主要要求法律人才在法律实践中有较强的发现、分析和解决问题的能力,能够熟练运用相应的法律和理论知识解决相关的实践问题。读万卷书不如行万里路,理论再多也不能抛开实践,实践是检验真理的唯一标准,实践在应用型法律人才培养上应该占有很重要的位置。

③开拓创新能力。创新是一个民族进步的灵魂,是国家兴旺发达的不竭动力。创新思维要求我们能突破常规,跳出既定的思维定式去思考、解决问题。法律实践中的问题总是千变万化、层出不穷。因此,应用型法律人才必须具有针对实践中的种种问题,进行创造性地分析和解决新问题的能力。这也是法律人才不断发展、不断提升的重要保证。

④较强的综合能力。应用型法律人才不仅需要具备扎实的法律专业知识和过硬的职业技能,还应当具备社会学、政治学、管理学、人类学、经济学,甚至是工程技术等多方面的知识。当前,我国社会处于重要的转折期,快速变化的各种环境和开放的社会大环境,对应用型法律人才的能力提出了高要求,要求他们要学会适应、学会合作、更好地与人交往。应用型法律人才还应该拥有一定程度上的应对社会大环境变化的能力。法律纠纷千差万别,且涉及社会生活的各个方面,

大量的法律问题和法律关系，都具有复合性的特点，要想合法高效地解决该类纠纷，必然要求该法律纠纷的解决者，拥有较强的综合学科知识。

二、应用型法律人才培养模式的内涵

应用型法律人才培养模式的基本内涵可以从以下几个方面阐述：①人才培养目标。应用型法律人才培养目标以培养应用型法律人才为宗旨，注重培养学生知识与技能的有机结合，优化学生的整体素质。它以社会需求为导向，立足学校的办学层次、服务领域，突出人才的实用性、适应性和发展性。②人才培养方案。应用型法律人才培养方案应着重体现能力培养，构建具有创新精神的立体的应用能力培养体系，突出实践性环节的安排和实施，结合学校学科优势体现学校的办学特色。③课程教学体系。应用型法律人才培养模式要以培养学生知识与技能的有机结合为核心，构建完整、系统与科学的课程体系和教学体系，以培养学生应用能力为核心的实践教学体系，以有利于学生综合素质养成的素质拓展体系。④质量评估体系。应用型法律人才培养的质量评估是指依据一定的标准对培养目标、课程体系、教学方法、考核方法等做出的科学、客观、综合的判断，并将评价结果及时反馈，从而得出更适宜的人才培养模式。

应用型法律人才培养模式有以下两个特点：①职业性。培养目标与职业接轨，应用型法律人才的培养目标即以职业性为导向，具体体现在学生的入学指导、学校的专业设置、办学模式与机制上。②应用性。应用型法律人才的培养注重知识与技能的整体提升，学科素养的整体优化。它以社会需求为导向，立足学校的办学层次、服务领域，突出人才的实用性、适应性和发展性，着重体现能力培养，构建具有创新精神的、立体的应用能力培养体系，通过构建完整的实践教学体系，促进学生综合素养的提升。尽管当前对应用型法律人才培养模式的概念表述很多，但基本含有如下共同特点：是应用型法律人才培养的核心和中心点；有诸多教学资源、教育方法等相互作用；有一定的规律和共同的培养理念方法；经过实践的检验并且能指导实践。归纳起来，应用型法律人才培养模式包括以下几个基本要素：第一，应用型法律人才培养目标；第二，应用型法律人才培养模式方法；第三，应用型法律人才培养质量评估。

三、应用型法律人才培养模式的构建原则

（一）强化基础与拓宽专业相结合的原则

进入21世纪后，国家科技飞速向前，整个社会对人才的要求都在一定程度

上表现出综合化的趋势。为了更好契合这种需求，教学计划应该由培养狭窄的对口职业性人才向适应社会发展，必须扩大专业口径，加强学科基础、基本理论、基本技能的教学和基本素质的培养。

很多情况下我们强调基础，同时也要循序渐进，要分步骤地一步一步去实现，这是和谐教育的要求，是素质基础的要求，是经济全球化的要求。虽说有些学校在专科层次也开设法律教育，但我们更多的基础性法学教育是在本科阶段进行的，要求科目与科目之间、实践性技巧之间，甚至是科目与实践之间的融会互通，提高学生的综合素质和能力。在法学专业教育中，同样要加强综合性，拓宽基础学科范围，重视文化素质教育，加强专业基础教育教学，淡化专业方向，体现不同学科交叉、渗透、融合的时代特点。

（二）强化实践能力培养的原则

应用型法律人才培养模式的构建应该深化法律人才实践能力的培养，稳定确保法学教育的品质。可以从有助于培养学生的自主思维方法、发展主观能动性去解决问题的能力，从社会实践技能出发，不断深化对法学教学课程的设计以及实验课程、毕业论文和课外各项活动等，还要注重法学教育教学内容的实践方面的规划，进一步明晰实践教学环节在应用型法律人才培养目标中所起的作用。

（三）强化整体优化的原则

应用型法律人才培养模式的构建，还要建立逻辑严密、互相依托的课程体系，还要强调教学环节的合理安排和整体优化，要建设一批独创性明显、不断创新的法律人才培养的内容科目，对教学内容进行精确选择，在课程学时上要适当安排，科目结构要优化，设置更多的选学课程。这样可以使应用型法律人才培养的理论教学和实践教学，在大环境下自然契合，相得益彰。

（四）坚持实践性教育与通识性教育相统一的原则

由于受我国传统教育"传道、授业、解惑"以及大陆法系重理论和体系的影响，对通识性教育应当取长补短，做到实践性教育与通识性教育相统一。一方面，实践性教育不可能离开通识性教育而实现，永远都要求对法学理论有一定的掌握和理解，只能在通识性教育的基础上才能够很好地开展。另一方面，实践性教育只能教给学生那个时代融入社会的本领，然而社会是不断变化的，通识性教育却可以教给学生离开校园后几年、十几年、几十年依然能适应社会变化的理论知识和理论素养。因而，我们必须坚持实践性教育与通识性教育相统一的原则。

（五）坚持"以法为本"的原则

应用型法律人才培养模式的培养目标是单一的，即培养应用型法律人才，而不是管理人才、财经人才或其他方面的人才。因而，我们在制定人才培养方案、安排相应的教学课程时，要注意把握其他社会科学学科课程设置的量以及考核方式和尺度。

（六）坚持法学应用技能和职业伦理的培养相统一的原则

对法科生而言，应当有严格的道德自律，其人性应当达到一种更高的境界。正如我国著名教育家陶行知所言，"千学万学，学做真人"。法学教育是现代高等教育中的一门职业教育。职业教育首先必须加强职业道德的培养。如果一个法律人缺乏良好职业素养，那么他将很难忠实于法律并服务于社会。因而，我们在注重培养应用型法律人才的法律应用技能时，不能忽视对其良好职业道德的塑造。

第二节　应用型法律人才培养的具体方式

一、应用型法律人才培养的目标

应用型法律人才的培养目标就是培养有高深法律专业知识、娴熟法律技能和良好法律素养的应用型人才。应用型法律人才的培养是一种职业教育、素质教育。法律教育定位为职业教育，就应当以职业需求为导向，以培养法律实务部门人才为最终落脚点。应用型法律人才应当注重职业能力和职业素质的培养，但职业教育并不是完全排斥学术教育，学术教育的良好开展也可以更好地促进职业教育的完善。作为一名优秀的法律实务工作者，不仅需要良好的职业技能来娴熟地应用法律，而且要有理论支撑才能更好地解决法律实践中遇到的很多疑难问题，实现公平和正义，维护法律的权威。与此同时，各培养单位不仅要注重法学理论教育，还要注重法律职业和社会需求，重视学生实践能力的培养，使学校教育和社会职业需求顺利对接。

二、应用型法律人才培养的课程体系和内容

应用型课程是为实现应用型人才培养目标而选择的教学内容及其组织形式，包括应用型专业教育计划、教学大纲、教材以及所规定的全部教学要求。应用型人才培养是动态的、发展的、变化的，它更注重对学习方法的传授，对创新思维

的训练和对学生在实践中解决问题能力的培养。应用型人才的教学目标应该从知识、能力、素质上做明确描述，特别是在强调需要掌握知识点外还应重点强调需具备的能力，从而突出应用型人才的培养特点。应用型法律人才培养的课程以培养合格的职业法律人为最高目标，即在培养学生具有专业理论知识的同时，重视与加强实践教学环节，重点培养学生解决实际问题的能力。法学教育应当参照职业实践的要求，科学地设置课程结构。

应用型法律人才培养的课程建设要从两个方面着手，一是课程体系的建设，二是课程内容的建设。

①课程体系的建设，应当以应用型法律人才的实践性需求为向导，加大实践教学课程在总课程中的比重，使法律（法学）专业的学生有更多培养其职业能力和职业素养的机会。既然应用型法律人才培养定位于培养具有精深法律知识和较高法律职业能力的法律专业人才，那么应当就其特色着手培养教育。目前的法律（法学）专业的课程体系存在的最大的问题之一就是理论课程占比较大，而且其学分也较多。这样的课程体系设置，使得教学主要围绕学术理论展开，没有突出法律（法学）专业的职业性教育的特色。所以，应用型法律人才培养课程体系改革的一个重点就是增加实践教学的课时、增多实践教学的科目、强化实践教学学分的比例。

②课程内容的建设，应当按照社会对应用型法律人才知识内容的要求展开教学。应当给应用型法律人才讲授哪些知识是目前所有从事法学教育的老师们共同的困惑。应用型法律人才教育既不同于法律的通识教育，也不同于法学的学术教育，但又与这两种教育存交叉。应用型法律人才培养的课程内容，应当结合法律事务部的知识需求，一方面要注重法条内容及其法理的讲授，法条内容的更新讲授是为了能更娴熟地掌握最新的法律动态，法理的讲授是为了让应用型法律人才明白法条背后的法律支撑，让应用型法律人才在运用法条时更加准确。另一方面要强化法律实务技能的训练。在培养方案中要求开设的实践教学课程应开设，而且要通过开设这些课程真正使应用型法律人才的实践能力真正得到锻炼。

三、应用型法律人才培养的方法

（一）讲授式教学方法

传统的讲授式教学方法在中国法学教育教学中仍为主流，是有其合理性和必要性的。首先，讲授式教学方法是一种最小成本的教学方法，它可以较为迅速地使学生掌握本学科的知识体系，自然是一种首选的方式。其次，中国是成文法国家，法学的学习应当从概念入手，这种带有鲜明学术性的特点是比较适合课堂讲授式教学方法的。

但传统的教学方法也必然存在着弊端，例如，教学过程主要表现为教师主讲，学生被动接受，不太注重师生之间的互动；教学内容主要侧重于书本知识的讲授，基本是从抽象的概念、原则入手，而不太注重对实际案例的分析、研讨和解决。因此要改革传统的讲授方法，就要对讲授式教学方法的一些固有的弊端及教学实践中对此种方式的一些片面僵化运用进行改革。

（二）讨论式教学方法

讨论式教学方法强调学生主观能动性的发挥，激发学生学习的兴趣，教师将课堂的主导权交给学生。在讲授知识的同时，采用讨论教学的方式，促使学生主动获取知识而不是被动地接受知识。在西方大学教育中，讨论早已成为一种重要的教学方法。讨论式教学方法最关键的特征是通过教师与学生以及学生与学生之间交流的方式展开教学，因此，也有人称之为"交流式教学法"。这种教学方法能够充分体现学生的主体地位，使学生主动获取知识，在参与讨论的过程中形成学生学会思考的思维模式。

（三）"三进互动"

"三进互动"，是指在法学教育中实行"法官、检察官进课堂，法庭进校园，学生进社区"，通过"三进互动"和其他一系列教学环节，实现应用型法律人才的培养。

"法官、检察官进课堂"制度化，与相关课程衔接，列入教学计划。"法官、检察官进课堂"的制度化运作模式，使具有丰富司法实践经验和较高理论水平的法官、检察官定期走进课堂，走进学生，讲解典型案例、司法实践中的新问题以及立法和司法解释的最新动态，有效提高了法学本科课堂教学水平。法学院将这一制度纳入正常教学计划，聘请高级人民法院和中级人民法院、检察院的有关资深法官、检察官为兼职教授、副教授，先后就知识产权、民事审判证据、房屋土地纠纷等相关课题开设讲座。法学院还聘请具有丰富法律实践经验和法学素养的法官、检察官作为学生科研团队的指导教师，将疑难案件匿名带进校园或联合申报课题，共同研究面临的现实问题和理论问题，构建"科研课堂"。

实行"法庭进校园"，定期组织学生旁听法庭审判。通过与法院的"共建协议"，使案件审判进入校园制度化，方便学生旁听。每学期安排法庭进校园活动，中级人民法院、区人民法院定期进行案件审理。

开展多种形式的"学生进社区"活动，拓展法学院学生社会实践范围。"学生进社区"的形式有：开展"百名大学生下农村、进社区""社区普法一日行"；与司法行政机关联合举行全国法制宣传日的普法活动；与消费者协会、工商行政管理部门组织"3·15法在我身边"活动；与广播电台组织"感觉法的声音"的电台普法和咨询活动；与人才市场举办劳务用工法律服务活动；与交警部门组织"交通安全百日竞赛——法治交通我们在行动"活动，等等。实践证明，通过"学生进社区"各项活动的开展，学生的社会经验得到极大丰富，有力地促进了专业学习。学院还将暑期"三下乡"社会实践活动纳入法学本科实践教学体系，作为本科教学的"第二课堂"。

1."三进互动"应用型法律人才培养方式的创新点

①创造了"三进互动"教学法，实现"实践—理论—实践"的教学过程："三进互动"应用型法律人才培养模式通过"法官、检察官进课堂""法庭进校园""学生进社区"的"三进"方式，实现了理论知识与法律实践互动。从实践基础上提炼出生动适用的法律理论知识，再通过实践教学平台应用到法律实践中去。从实践到理论，再从理论到实践，强调以法律理论知识促进学生实践活动和科研活动，以学生实践活动来消化和理解所学的知识，其重心在于培养学生敢于探索创新的精神、忠于法律的责任感、运用法律知识解决实际问题的能力和进行科研创新活动的能力，这显著提高了毕业生的质量。

②形成了一整套应用型法律人才培养模式：在教学内容上，使这一培养模式的方案渗透于法律本科教学计划之中，法官、检察官进课堂；聘请知名专家、学者开设讲座；定期请人民法院到校园内开庭审判，学生旁听；引入来自实践领域的前沿法律理论知识提高课堂教学质量。在教学体系结构上，通过模拟法庭、法律文书写作等实训课程强化学生法律技能训练；学生通过见习、法律咨询、法律援助和法律诊所定期参与社会法律实践；加大法律实践和实训课程比例，提升毕业生实践应用能力。在教学方式上，强调密切联系司法实践，强调法律知识的应用技能。总之，在教学内容、体系结构和教学方式上全面进行改革创新，形成了完整的应用型法律人才培养模式，使办学模式具有自身特色，提高了毕业生的适用性和就业率。

③对高校的法学教育进行了科学定位，找准了办学方向：对高校法学教育的定位，使高校走出了"通识教育"和"法律职业教育"对立的误区，从法律科学本身的特点以及地区对法律人才培养要求的角度，来确立法学教育的定位。确立

高校法学教育"通识教育与法律职业教育相结合的应用型法律人才教育"的科学定位,并在此基础上形成了自己独特的应用型法律人才培养模式,避免了法学院办学模式的"单一化"和"趋同化"。

2."三进互动"应用型法律人才培养方式的成效

①毕业生的法学理论知识扎实。"三进互动"应用型法律人才培养模式的实施,所产生的一个十分明显的成果就是毕业生的法学理论知识掌握得比较扎实,在各类考试中显出优势。

②学生的科研能力有显著提高。"三进互动"应用型法律人才培养模式注重学生创新能力的培养,成效显著。法学院学生的论文发表于全国各级各类刊物,如《国家检察官学院学报》《中国刑事法杂志》《东南学术》《社科纵横》等,有科研成果获得奖项。

③毕业生具有较强的法律实践技能,就业后能迅速进入工作状态。"三进互动"应用型法律人才培养模式将法律实践活动引入法学教育教学过程,学生通过模拟法庭、法律诊所、旁听审判、见习实习、法律咨询、法律援助、案例分析及入课堂的法官、检察官的言传身教,较早接触了法律实践,因此在毕业时已经具有较强的法律实践技能。从事相关法律工作后,能够迅速进入角色,受到用人单位的欢迎。

四、应用型法律人才培养的考核评估

(一)应用型法律人才培养的考核

在素质教育理念指导下,结合法学自身的学科特点,必须改革目前的考试方式,注重对过程的分析而不是对结果的分析。法学考试应当主要以考查学生对法律思维方法的掌握及解决实际案件的能力为主。在法学专业考试中,应当尽量加大分析类题目的比例,而且在评分时应当重点考查学生分析推理的过程。

对于法学专业而言,考核形式不应当仅仅局限于闭卷考试,教师也应当根据课程的不同特点选择最为有效的考试形式。例如,理论法学课程的教学目的并非让学生记住多少名家的理论、观点,而是要培养学生的理论思维能力和研究方法,后者才是考试的重点。而对于一些新兴的法学领域的课程,如证据法学、网络法学等,这些课程注重研究方法的训练,就不适宜采用闭卷考试的形式考核。

(二)应用型法律人才培养的评估

应用型法律人才培养的评估要遵循以下两个原则:①全面性原则。应用型法律人才培养的质量评估是形成性评估，不是终结性评估，注重对过程的评估，而不是对简单结果的评估，即对应用型法律人才的整个培养过程的评估，包括对招生入学、教学过程、课程设置、考核方式、实践能力、毕业就业等环节进行全程评估。只有遵循人才评估的全面性原则，才有利于应用型法律人才培养的教学质量的提高。②实用性原则。应用型法律人才的培养以实务、能力强为目标。在质量评估过程中就必须以应用型法律人才的培养方案为蓝本，重点评估学生的能力培养过程，而不是对教师和学生提出过高、不切合实际的要求。只有应用型法律人才培养的质量评估坚持以上两个原则，才能形成区别于其他法律人才培养的质量评估体系，从而更好地对应用型法律人才培养的教育质量进行监控与评估，对于应用型法律人才培养起到导向与激励、反馈与交流、检查与监控、鉴定与选拔的作用。

构建有特色的、合理的应用型法律人才培养的质量评估体系具有十分重要的意义。①构建充满活力、全面的质量评估体系。构建中国法学教育的质量评估体系应当是政府、社会、学校共同的责任，三主体只有共同履行其担负的职责，才能真正建立既符合国情，又符合法学专业特点的质量评估体系。第一，政府充分发挥外部主导作用。首先，政府要构建科学的法律教育准入制度，有必要适当提高法律教育的门槛，严格建立完善法律人才的资格审查制度。其次，政府应当设立包括法学在内的学科教育质量评估制度，以求从学科评价的角度，在全国范围内衡量各法学教育主体法学教育的质量。最后，建立法学教育竞争淘汰机制，以达到优胜劣汰的目的。第二，社会发挥监督与指导作用。发挥社会各要素对法学教育质量的制约作用。通过建立法学教育各领域联系平台，联系法院、检察院、公安、监狱、司法行政、律师和有关机关团体、企事业单位，参与到法学教育质量监控体系中，通过诸如对法学专业的设置、教学目标、教学方法、教学内容、教师队伍及管理状况等进行评议、反馈和指导，促进法学教育质量的提高。第三，学校发挥内部监督作用。学校具有招生权、机构设置权、学科专业设置调整权、教学科研与技术开发和社会服务权等权利。因此，学校在质量监控体系中占据主体地位。学校要建立法学教育质量的监督、评价、奖惩体系，确保法律人才培养的办学质量。②构建有特色的应用型法律人才培养质量评估体系，着重加强实践性教学环节的质量监控。以对诊所式教学的质量评估为例来说明，诊所式教学方法是应用型法律人才培养教学的主要方法，其评估机制主要包括以下几个方面：学生的自我评估，学生在每一个专题课程或活动完成后，填写自我评估表，对前一阶段的学习做出评估，并以此为基础，提出下一步对自己的要求；教师对学生的评估，教师对每一位学生建立一页专门的评估表记录学生在课堂上及实践中的表现，并在期末给学生一份正式的评估报告，包括教师的评价等；学生对教师的评估，学生主要评估教师准备是否充分，法律知识是否完备，实践经验是否足够，课堂组织是否科学，是否适合担任法律诊所教师等；对课堂的评估，不定期采用无记名调查表和教师访谈的方式进行评估；对诊所的评估，主要包括诊所设立是否符合该法学院特色，是否具备可以从事法律活动的诊所机构，是否具备从事法律活动的条件，是否建立了保障法律活动进行的规章制度，法律诊所办理实际案情的情况考察，法律诊所活动对法学教育质量的影响等。

第三节 应用型法律人才培养模式的价值与构建路径

一、应用型法律人才培养模式的价值

（一）符合当前社会对法律人才的需求

当前社会对法律人才的培养要求不断增多，这显示出法学专业的特点——实践性很强。实践课程的不足严重影响了学生专业素质的提高，法律人才运用法律知识解决实际问题的能力没有得到很大提升。应用型法律人才培养模式，符合当前社会对法律人才培养的要求，一方面能够为学生提供更加广阔的平台，充分发挥学生的自身能动性、实践动手能力、搜集并处理各种信息的能力；另一方面，可以为其他学科应用型人才培养，提供一些指导建议。

（二）解决教育资源欠缺的有效途径

我国法学教育面临着教学经费不足和双师型教师比重不高两大问题。这两大问题也制约了我国实践教学的发展。这些问题导致实践教育环节始终没有达到预期的效果，争取国家和社会的支持，充分利用各种现有资源是应用型法律人才培养工作的重点，因此其是解决教育资源欠缺的有效途径，通过提高学校老师待遇以及高薪聘请高知人才解决双师型教师不足的问题。

（三）满足学生自主学习、提升学生专业素养的重要途径

知行要结合，同样道理，理论和实践也要联系起来，我们培养应用型法律人才，不是为了背熟法律课本上的理论知识，而是为了有能力处理方方面面的复杂情况。应用型法律人才培养模式，以学生为活动的主体，使学生可以很好地开拓

自己的眼界，提前熟悉今后的工作环境，更加真实地理解法律知识学习的内涵，积极发挥能动性去想问题，大力提升根源性动力，实质性提高法律人才解决实际问题的能力以及创新能力。

（四）满足实践创新的要求

应用型法律人才培养模式的改革取得了一定的成绩，获得了政府、学生以及学校评估专家的肯定，满足了实践创新的要求，体现在：①课程设置的创新。如综合训练课程的开设、大量实务课程的开设、经济管理类课程的开设等。②复合型、文理交叉人才培养的创新。卓越法律人才实验班培养复合型法律人才，法学辅修专业培养文理交叉的从事知识产权实务的人才。③学生职业能力表述的创新。把学生司法考试训练与培养学生职业能力统一为培养学生分析法律、解释法律和使用法律的能力，这样就使得整个法学教学有了清晰的目标指向。④培养机制的创新。建立"高校—实务部门联合培养"人才的机制。应用型法律人才培养模式改革特色可以用"一个面向、三个导向、五个创新"来概括。"一个面向"就是面向区域经济发展的需要；"三个导向"就是以应用性、复合性、地方性为导向进行课程设置和人才培养模式改革；"五个创新"就是课程设置的创新，复合型、文理交叉人才培养的创新，学生职业能力表述的创新，培养机制的创新，教材编写内容与形式的创新。

二、应用型法律人才培养模式的构建路径

（一）突出应用型法律人才的培养地位

传统法学教育脱离社会实践，重视理论知识的灌输，忽视了法律实务部门的需求，使得应用型法律人才在专业理论知识上没有法学研究生扎实，在综合知识上没有法律复合型人才（即非法学法硕）涉猎广泛，在职业素质和职业技能上不如学历较低但是法律实践经验丰富的大学本科生和大学专科生。应用型法律人才培养是为具有较深厚的理论知识和娴熟法律技能的法律实务人员服务的，是一种严格区别于培养学术研究型人才的法学类的职业教育，所以法律（法学）专业是有独立存在价值的专业，应用型法律人才的培养应当得到足够重视。

应用型法律人才培养的教学应当注重实践、应用型的教学内容和方法。在教学内容方面就是要在庞杂的学科知识体系中选择实践运用中具有基础性的并且是常用的问题来解决。强调"基础性"是因为法律实践中的案件形形色色，只有当学生掌握了专业和课程的基础即基本原理，才会举一反三。例如，民法总则和民

法分则的关系，不懂民法总则是学不好用不好民法分则的。因此，厚基础与重应用在这里就统一起来了。另外是教学方法的实践性，应用型法律人才培养要体现自己的人才培养特点，可借鉴西方的教学方法，如模拟法庭教学法、诊所式法律教育等。可见，要真正落实"应用型"人才培养目标，要从基础做起，以防止急功近利而适得其反。

（二）完善应用型法律人才的培养实训条件

学校的实训条件差，不仅不利于教学的开展，而且会直接影响应用型法律人才的能力提高。在模拟法庭课上没有专门的模拟法庭的教学场所，法律诊所也没有专门的办公场所，甚至连专门的电话都没有，以至于法律诊所课程停留在挂名阶段，没有人可以进行实地来访和电话咨询。因此，学校要在强化对应用型法律人才教育重视的前提下，积极筹措经费，为应用型法律人才创造良好的实训条件。

（三）提升应用型法律人才培养教师的实务能力

培养应用型法律人才需要实务型教师，目前高校教师的职称晋升与聘任主要与科研挂钩，实务型教师受到比较大的冲击，一些实务经验丰富的教师也逐渐向科研倾斜。高校教师实务能力欠缺日益突出，仅靠外援补充不能完全解决实务型教师缺位问题。由此，高校教师需要提升实务能力，可以通过应用型科研课题、挂职锻炼、担任法律顾问和兼职律师等方式逐步提高实务应用能力，实现知识转型。更为重要的是，作为导向的考评与晋升机制需要调整，高校亟须采取教师分类管理模式，给予实务型教师足够的发展空间；应构建合理稳定的教师队伍，激励实务型教师将时间与精力投入人才培养环节，培养具有职业准入能力的应用型法律人才。

（四）建立科学合理的监督评估制度

这个制度主要从学校、教师和学生这三方入手。对于学校而言，教育主管部门要建立教育监督机构，对学校的教学质量、教师资质和课程体系以及学校的硬件设施进行严格监督。对于教师而言，学校要成立专门的教学监督和质量评估机构，通过对注重应用型法律人才培养的教师进行教学内容和教学方式以及学生满意程度的考核，建立奖惩分明的激励机制，使教学质量和教师的评级和奖惩挂钩，促进教学的开展。对于学生而言，学生要保证质量地完成教师布置的作业，学生论文、法律文书以及模拟法庭、毕业综合实习的考核的成绩要作为学生评优的依据，对于优秀的学生，学校要推荐其就业并嘉奖，对学生成绩的要求要严格，这个方面主要由学校和教师共同监督。

（五）重视应用型法律人才的综合素质和职业素质培养

在综合素质的培养上要从两个方面完善目前的教学体制。一方面，知识教育和思想道德教育两手抓，两手都要硬，避免"重知识教育，轻思想道德教育"的教育理念的误区。另一方面，各培养单位应当突出自己的特色，避免法律（法学）专业培养模式雷同。目前，很多院校都设立有法律（法学）专业，这些学校中有综合大学、理科类院校和政法类院校。综合大学的优势在于其学科的全面性，因此，在应用型法律人才的综合素质养成方面，可以利用此优势，使应用型法律人才具有更宽广的知识视野，在法学院和其他学院之间搭建平台，实现学科的交叉融合。理科类大学应当为其法律（法学）专业的学生提供理科方面的基本知识的传授，使其应用型法律人才能在理科知识方面有所提升，为将来法律实践中遇到的这方面的问题提供理论支持。政法类大学最大的优势在于其专注于法学专业知识的研究，而且社会上对政法类学校的法学院学生的认可度高，可以利用这个优势，在培养应用型法律人才时利用学校深厚的理论素养和社会知名度，为应用型法律人才提供更多的社会实践机会，增强学生的综合素质和职业素质。

进一步明确应用型法律人才的定位，强化应用型法律人才的职业素质培养。专业学位教育的特色就是以实际应用为向导，以满足职业需求和社会需求为目标，所以，在注重应用型法律人才的法学理论素养的同时，更加注重其职业素养培养。在课程设置上，更加注重实践教学，内容上要使实践教学真正落到实处，尤其是在实习过程中重视对应用型法律人才的锻炼，通过学校和实习部门沟通，给应用型法律人才更多实践的机会，使其能熟练掌握法律职业技能，养成较高的法律职业素养。

第六章 学术型法律人才培养模式构建

近年来,我国法学教育面临着人才培养模式单一、人才培养目标模糊等问题,学术型法律人才培养面临挑战的同时,又面临诸多的社会期待与发展机遇。在社会日益发展与进步的时代,我们更应积极探索适应现代法治社会建设与发展要求的学术型法律人才培养模式。本章分为学术型法律人才培养模式概述、学术型法律人才培养模式的现状及成因、学术型法律人才培养的方法和途径、学术型法律人才培养模式的构建路径四部分。主要包括学术型法律人才培养模式、学术型法律人才培养模式的价值意义、我国学术型法律人才培养模式现状、法学硕士的培养等内容。

第一节 学术型法律人才培养模式概述

自 1978 年恢复硕士研究生招生以来,我国的学术型法律人才培养历经四十余年的实践与探索,目前已经形成了基本的法律人才培养模式。学术型法律人才的培养教育由 20 世纪 80 年代的规模小、人数少发展到如今众多高校和研究机构纷纷设立法学院系及法学硕博点培养学术人才。伴随着法学教育的蓬勃发展,学术型法律人才的培养和毕业后的去向正面临着内外双重压力,也促使人们对传统的培养模式进行重新思考和定位。

一、学术型法律人才培养模式

(一)人才培养模式的内涵

1. 人才培养模式的概念

在我国高等教育理论界,首次对这一概念做出明确界定的是刘明浚先生,其于 1993 年在《大学教育环境论要》中提出,人才培养模式是指"在一定办学条件下,为实现一定的教育目标而选择或构思的教育教学样式"。

第六章　学术型法律人才培养模式构建

　　教育行政部门在1998年下发的文件《关于深化教学改革，培养适应21世纪需要的高质量人才的意见》中首次对"人才培养模式"的内涵做出直接表述，指出"人才培养模式是学校为学生构建的知识、能力、素质结构以及实现这种结构的方式，它从根本上规定了人才特征并集中地体现了教育思想和教育观念"。

　　江苏省高等教育研究会理事龚怡祖在《论大学人才培养模式》一书中，将培养模式描述为：在一定的教育思想和教育理论的指导下，为实现培养目标（含培养规格）而采取的培养过程的某种标准构造样式和运行方式，它们在实践中形成了一定的风格或特征，具有明显的系统性和范型性。

　　还有学者认为：在教育活动中，在一定的教育思想、教育理论和教育方针的指导下，各级各类教育根据不同的教育任务，为实现培养目标而采取的组织形式及运行机制，即是培养模式。

　　不同的学者在对人才培养模式的内涵进行界定时，表述有所不同，但基本上都涵盖了以下几点：①以一定的教育思想和教育理论为指导；②以实现培养目标为目的；③培养模式是一种样式（或机制）。

　　近年来，经过高等学校的实践，达成了这样的共识：人才培养模式就是在一定教育思想和教育理论指导下，为实现一定的培养目标，而在培养过程中采取的某种能够稳定培养学生掌握系统的知识、能力、素质的结构框架和运行组织方式。

　　人才培养模式是有层次的。高层次是主导整个高等教育系统的模式；第二层次的人才培养模式是各高校所倡导、践行的培养模式；第三层次则是某专业独特的培养模式。

　　2. 人才培养模式的特征

　　①系统性。人才培养模式是由一系列必不可少的要素构成的，要素与要素之间必须存在目标取向上的紧密的内在逻辑联系，彼此协调运作，形成一个完整统一的系统结构，共同完成培养过程。因此培养模式的首要特征就是系统性。

　　②范型性。一定的人才培养模式应是对一定的培养过程的更本质、更准确的理论概括，可以使教育主体照着去做并可以收到相应效果的标准范式，它对于同一类型培养过程具有普遍适用的指导意义。当然，这并非说人才培养模式的范型性意味着单一性，办学主体由于所处地区经济发展水平与社会文化环境的差异，可根据实际情况做出相应的变更。事实上这一特征是促进培养模式向多样化和丰富性发展的重要前提。

　　③中介性。人才培养模式是以某种教育思想、教育理论为基础建立起来的范

型，是教育理论与教育实践得以发生联系和相互转化的桥梁与媒介，使得教育工作者在人才培养活动中能够据之进行有序操作，以实现培养目标。人才培养模式的中介性也使得它向理论方向延伸便具有范型性的特征，向实践方向延伸便具有可操作性的特征。

④可操作性。人才培养模式所对应的培养目标和所提出的各个要素及其结构方式，应当是清晰可认的；所提出的策略、方式，应当是可以准确把握和运用的；所提供的程序、步骤、环节，应当是可以稳妥操作的。总之，整个培养过程能够置于教育主体的有序、有效、有力控制之下。

⑤稳定性。人才培养模式是对大量的教育实践的理论抽象与概括，揭示了人才培养活动的一般规律，需经过一个相当长的提炼过程才能够创造出来。而当它一旦形成，一般来说都会稳定地持续相当长一段时间，不会突然发生大的变更，甚或消亡。

⑥变革性。人才培养模式具有稳定性，并不意味着其是一成不变的。稳定性是相对的，一定的人才培养模式总是与一定社会历史时期的政治、经济、文化、科技、教育水平相适应的，当时代发生变迁，社会各方面对人才素质的要求发生了明显变化时，人才培养模式自然也会随之变化，以实现自身的更新，与新的时代背景保持一致。若拒绝变革、保守残缺，将势必遭到淘汰，被其他更富生命力的人才培养模式取而代之。

3. 人才培养模式的构成要素

第一，培养目标。培养目标是指经过一定时期和方式的培养，在素质上所应达到的要求和标准，它是学术型法律人才培养的出发点和归宿。明确清晰的培养目标是学术型法律人才培养的基本前提，少了它的确立，后序的各项培养活动和环节将无法开展进行。

第二，培养过程。学术型法律人才培养过程是指根据学术型法律人才的培养目标和具体专业设置的不同特征，在培养环节中所采取的基本方法和形式的统称。它主要包括学生入学条件、学习年限、课程设置、教学方式、专业实习、毕业考核、导师指导等具体方面。

第三，质量评估。学术型法律人才质量评估是指以相应的质量观为基础，依据具体的考核评估标准对所培养的人才质量进行检验，以了解人才培养质量的现状与问题，在发展中不断积累经验总结教训，不断地跟踪与反馈，提供全面准确的信息。它是学术型法律人才培养顺利实现目标的重要保障。

总而言之，这三个要素之间相互联系，相辅相成，是学术型法律人才培养模式诸多要素中较为关键和必不可少的条件。学术型法律人才培养模式合理与否关键在于是否有明确的目标定位以及与其他构成要素之间是否形成了有机的逻辑联系。因为人才培养目标会随着时代需求的变化而变化，因专业的不同而有所差异，所以要在实践中相应地调整培养模式。

（二）学术型法律人才培养模式的内涵

1. 学术型法律人才培养模式的概念

法律人才培养模式是指法律教育机构或者法律教育工作者，所普遍认同和遵从的，关于培养法律人才的实践规范和操作样式，是根据国家教育的基本方针、法学教育理论的基本要求，为造就合格的法律人才而构建并经过实践形成的，某种标准化的培养样式和具体的运行机制。

从满足社会不同需要的人才规格上看，可分为应用型法律人才培养模式和学术型法律人才培养模式两种类型。其中，学术型法律人才培养模式以选拔高层次法学研究型人才和拔尖创新型法律人才为主要目标，主要为法律高等院校、科研机构等单位培养教师和科研人员的规范化机制。我国对学术型法律人才的培养主要集中于法学硕士和法学博士的培养上。

2. 学术型法律人才培养模式的要求

学术型法律人才培养模式是建立中国特色社会主义法治国家的必然要求。学术型法律人才培养模式的要求大致有以下三点。

（1）目标要求

学术型法律人才培养的目标，要求学术型法律人才的培养不能背离国家教育的基本方针。国家教育的基本方针主要是指教育必须为社会主义现代化建设服务，必须与生产劳动相结合，培养德、智、体等方面全面发展的社会主义事业的建设者和接班人。学术型法律人才培养的目标，则是教育工作者开展法律教育工作的向导，应当着眼于法律人才理论和实践能力两个方面的培养，不仅仅要讲述理论知识，还要多提供实践的机会，做到理论与实践相结合。国家的运转、社会的发展，都离不开法律的规范，而一个国家法律教育是否成功，关系到国家法治的前途命运。因此，学术型法律人才培养模式是不能背离国家教育基本方针的。

（2）内容要求

学术型法律人才培养的内容要求包括多方面的内容。教育的内容，一般是为了实现教育目标，而经过改造后，进入到教育活动的知识、技能、价值观念、行为规范等，一般都是以讲授课程的方式予以灌输。在法律人才的教育中，像必修课及选修课的设置，还有各种课程的教材，都是学术型法律教育的内容。教育内容是来源于长期的教学实践，因此，教育的内容极其丰富，不同的人才培养模式，要求提供不同的教育内容。这就要求学术型法律人才培养的内容既包括课程的设置、教材的选用，又包括实践的内容和教学的方法等多方面的内容，只有做到内容的丰富性，才能保证教育的顺利完成，使学术型法律人才培养达到预期的目标。

（3）方法要求

学术型法律人才培养要求手段多样化。教育的方法，主要是为了实现教育的目的、掌握教育的内容而采用的方式、手段的总和。教育的方法，不仅仅包括教育工作者的方法，同时也包括受教育者的自我教育的方法。学术型法律人才培养模式，包含了十分丰富的方法要素。学术型法律人才培养的方法要求教育者通过一系列复杂的操作，以及结合人才成长过程中的一系列心理、文化、社会等因素的变化，设计出一整套适合其成长的培养计划。比如理论讲授，可以不单凭教育者枯燥的讲解，可以使用案例教学、多媒体技术等来增加学生学习理论知识的积极性；在实践教学方面，可以采用观摩庭审教学、模拟法庭教学等方法来活跃课堂气氛；还应该注重法律人才的继续教育，使在职法律人员能够不断地更新知识、增强技能。

（三）学术型与应用型法律人才培养模式的区别

专业学位与学术学位的水平是相当的，但教育背景和职业范畴的差异使两者在培养制度上有所不同，具体表现在以下几个方面。

1. 生源对象与招生考试

学术型学位研究生招生考试一般定在每年年初，并实行"全国硕士研究生统一入学考试"（统考），初试的政治理论、外语和部分专业的基础课由教育部统一命题，其他科目由招生单位自行组织命题。初试分数线除了34所自主确定复试分数线的高校外，其他学校一律由国家统一划定最低录取分数线。

专业学位研究生的招生一般要求报考者有一定的职业背景，但也有少数几个专业，如法律硕士、工商管理硕士接受同等学力者。同等学力是指参加成人高考或自学考试获得国家承认的大专毕业学历的人员，他们需要经过两年或两年以上（从大专毕业到录取为硕士生当年的9月1日）的实际工作，达到与大学本科毕业生同等学力（含国家承认学历的成人高校应届本科毕业生），且达到招生单位根据本单位的培养目标对考生提出的具体业务要求。学术学位研究生的招生则主要以国家承认学历的应届与往届本科毕业生为主。专业学位研究生招生考试以每年十月份的"在职人员攻读硕士学位全国联考"（联考）为主，报读工商管理硕士、法律硕士等专业的求学者也可参加全国年初的统考考试，联考命题由"教育部学位与研究生教育发展中心"组织，录取分数线由各招生单位自主划定。

2. 培养方式

学术学位以全日制学习为主，有两年制和三年制两种，大多数学校目前采取三年制，由学校单方面参与管理。专业学位以在职培养为主，也有专业采用半脱产的形式，但学员主要还是在业余时间学习，强调学校与企业、实际工作部门相结合。例如，专业学位设置和试办后，成立的专业学位教育指导委员会的成员中，既有高等学校的领导与教授，又有行业主管部门的领导，也有企业与用人部门的代表，还有国务院学位办公室的有关负责人，这就从组织上保证了学校、企业界、用人部门、行业主管部门以及教育主管部门共同参与专业学位培养的全过程成为现实。

3. 课程设置

学术学位研究生教育以培养科研人员和学科专家为目的，培养这类研究生的关键在于通过传授系统和完整的学科知识，实现对学科知识的创新与发展。因此，课程设置以学科知识体系为框架进行构建，基本课程包括公共基础课、专业基础课、专业课以及选修课，四种课程按照一定比例组合成完整的课程体系。

专业学位研究生教育的课程设置以"职业能力"为本位进行设计，按照一定的分类方法，将某一专业课程分成若干相对独立的单元，所有单元又按照一定的形式组合成一个系统。在授课过程中，各门课程还会不断加入最新科学技术成果和先进经验，从而使课程体系更加具有灵活性。

4. 导师指导

学术学位研究生教育随着科学分工越来越精细，往往一个导师专门指导自己的研究生，兼具课题组的其他导师的指导，以保证知识的传递，促进知识的创新和学科的发展。专业学位与学术学位研究生的生源对象和培养目标的不同，导致了两者在导师队伍的组建和导师指导方式上有很大差别。专业学位研究生大多是在职学习，除了在学校集中上课外，仍在原单位工作，这就形成了校内外双导师培养的趋势。一方面，校内导师具有较强的理论科研功底，有多年指导研究生的实践经验，他们的指导以学术为主；另一方面，校外特聘导师对本专业的现状比较清楚，以指导实践工作为主。

5. 学位论文要求

学位论文是研究生的重要成果，也是衡量研究生能否获得学位的重要依据。学术学位研究生的论文要求做出创造性科研成果，注重理性思维的高度概括与抽象，具有理论价值。专业学位研究生的论文立足于实践，针对在实践工作中需要研究的问题，运用所学理论和专业背景解决实际问题。

二、学术型法律人才培养的价值意义

学术型法律人才培养是法律教育的一个子系统，但又具备其独特的价值意义。

第一，学术型法律人才培养的基础性价值：传授、整合与创新法律知识。学术型法律人才培养的教学活动以知识的传授为内容、科研活动以发展创造知识为目的。学术型法律人才培养的社会服务职能，实质上是对知识的应用。不仅如此，学校还通过将高深专门知识物化到其产品——学生身上，源源不断地向社会输入知识的活载体，使他们成为知识运行中的新一代传递者、创造者和服务者。因此，知识传授是学术型法律人才培养发挥作用的主要途径，法学知识的发达程度也决定了学术型法律人才培养的发展水平。

第二，学术型法律人才培养的操作性价值：训练和提升法律技能。历史上最具影响力的法学家之一波斯纳（Posner）曾指出："职业是这样的一种工作，人们认为它不仅要求诀窍、经验以及一般的'聪明才干'，还要求有专门化的但相对抽象的科学知识或其他认为该领域内有某种结构和体系的知识。"法律职业便是这样一种职业，它要求从业者具有专业的甚至是深奥的知识和神秘的职业技术。因此，在波斯纳看来，职业技术和专门化的知识是支撑一种职业的内在力量。那么训练和提升法律技能使得学术型法律人才培养的操作性价值就凸显出来了。

第三，学术型法律人才培养的操作性价值还包括：养成和改善法律思维方式。法律思维方式是法律职业共同体特有的思维方式，也是法律职业从业者胜任法律职业的必要条件。学术型法律人才培养的一个非常重要的方面就是使学生养成和改善法律思维方式，为法律职业输送合格的人才。它与法律技能一样也是学术型法律人才培养的操作性价值。

第四，学术型法律人才培养的人文性价值：培养法律职业道德。法学教育家孙晓楼曾指出：法律人才"一定要有法律学问，才可以认识并且改善法律；一定要有社会常识，才可以合于时宜地运用法律；一定要有法律的道德，才有资格来执行法律""只有法律知识，断不能算作法律人才；一定要于法律学问之外，再具备高尚的法律道德""因为一个人的人格或道德若是不好，那么他的学问或技术愈高，愈会损害社会。学法律的人若是没有人格或道德，那么他的法学愈精，愈会玩弄法律，作奸犯科"。可见，培养学生的法律职业道德修养，培养学生正确驾驭知识的态度和能力是学术型法律人才培养的人文性价值。

第五，学术型法律人才培养的终极性价值：培植法律信仰。法治的精神意蕴在于人对法的神圣信仰。这种信仰是法治社会坚固的支持系统。因此，学术型法律人才培养对法治最根本的、最直接的贡献就是对法治的中坚力量——"人"的法律信仰的培育。学术型法律人才培养所应发挥的知识传授、整合与创新、训练和提升法律技能、养成和改善法律思维方式、培养法律职业道德等价值的最终的目的，在于使学生树立牢固的法律信仰。学术型法律人才教育培育法律信仰，其实质就是在基于知识、技能、思维和道德全面培养的前提下而达到的一种理想的综合状态——法治人格的塑造。

三、国外相关学术型法律人才培养模式及对我国的启示

（一）国外相关学术型法律人才培养模式

1. 美国学术型法律人才培养模式

中美两国的学术型法律人才培养模式在招生、人才定位、教育性质和司法考试等方面均有很大差异。美国学术型法律人才培养模式将法学教育和司法考试衔接起来，且将法律职业教育的起点定位在硕士研究生阶段，因为学术型法律人才教育作为精英教育，它对学生的要求是具有一定广度的知识和一定积累，同时还要求具有一定的社会阅历。

美国的学术型法律人才培养模式值得我们借鉴和学习。美国法律教育在教学上崇尚案例教学法，20世纪70年代开始实施以"诊所式法律课程"和"法庭辩论课"为主的实践型教学法。美国的法律硕士教育是非常职业化的职业教育，必修课一般占到三分之一，均为核心课，选修课数量庞大，设置灵活，学生可以根据爱好和将来所选职业的需要进行选择。

2. 德国学术型法律人才培养模式

德国是典型的大陆法系国家，法学教育的特色是双轨制，即学术型法律人才培养模式由大学基础教育阶段和见习阶段两个部分组成。这是一种学术教育与职业教育相结合的体制。德国的学术型法律人才培养模式旨在培养法官这一"统一法律家"。德国的法学教育分为两个阶段：大学基础教育阶段和见习、第二次国家考试阶段。

（1）大学基础教育阶段

该教育阶段的教育目的在于通过学生对法律的理解和运用以及对历史、社会、经济、政治和法哲学等相关知识的掌握，而在第一次国家考试中取得作为见习服务的候补官员的资格。

在课程设置上，德国法学院（系）在课程设置上科目繁多，一般人需要花费12个学期以上的时间来学习。在大学基础教育阶段主要设置有关各部门法基本理论的必修课和少量选修课。开设的必修课有宪法、民法通论、债法、刑法总则、刑法分则、行政法通论（也称普通行政法）、物权法、行政法个论（也称特别行政法）、诉讼法（民事诉讼法和刑事诉讼法）等三十多门，选修课有公司法、德国宪法史、罗马法概论、宪法诉讼法（公法专业方向选修课）、经济法概论、财政法概论、税法概论等。

德国大学基础教育阶段学术型法律人才培养模式的课程类型比较丰富，层次也比较分明，主要有课堂讲授、练习课和专题研讨课。承担课堂讲授工作的教授注重授课的理论性和系统性，旨在向学生全面传授法学基础知识。

在课程考试方面，学生听完教授的某门课程后，期末时并不需要考试。对于拿学分的练习课，考试方式包括闭卷考试和撰写论文两个方面。学生只要通过一次闭卷考试和撰写一次论文，即可取得这门课程的学分。研讨课一般都选择某个专题进行讨论，主要面向高年级学生开设。学生须在参加研讨课之前的较长时间内择定题目，并撰写论文。然后在研讨课开始之前提交论文，并向参加研讨课的同学分发。上研讨课时，由学生宣讲论文，介绍自己的观点和论证思路，并进行论证，然后在教授的主持下由其他同学发表意见，进行评论和批评，展开讨论。教授实际上担当着主持人的角色。

在国家考试方面，第一次国家考试的范围限定在学生在大学里所学的必修课程和选修课程。第一次国家考试由两部分组成，即笔试和口试。笔试通常是解析各种案例，但也包括理论方面的考核。考生通过笔试后，就取得了参加口试的资格。口试的内容与笔试内容一致。如果考生第一次没有通过国家考试，还有一次补考机会。

（2）见习、第二次国家考试阶段

①见习阶段。考生通过第一次国家考试后，经过申请就可以进入为期两年的见习阶段，接受培训。受训者在此阶段被称为"候补官员"，享有临时公务员的身份，可以领取津贴。见习服务的目的在于使已经通过第一次国家考试的"候补官员"了解司法和管理工作，并由此熟悉法的实施，在学术型法律人才培养结束

时"候补官员"应能在未来的法律实践中独立地工作，并能适应社会多方面和多变的要求。司法部门的入门培训课程分为民事法庭和刑事法庭或检察官办公室两个方面的培训课程。在见习服务期间，候补官员必须参加相关的学习小组，并完成学习小组负责人或培训负责人规定的各种考核。候补官员必须参加劳动法或税法的专门培训。

②第二次国家考试。第二次国家考试是法学教育的结业考试，也是候补官员从业的任用考试。第二次国家考试同第一次国家考试一样，也是由笔试和口试两部分组成。所不同的是很少涉及理论方面的内容，而以分析司法实践中的案例为主。通过笔试就取得了参加口试的资格。口试的内容与笔试的范围一致，包括民法、刑法、公法和考生所选择的重点科目四个方面。如果考生不能通过第二次国家考试，还有一次参加补考的机会。

（3）法学教育改革

2002年3月21日，德国联邦议会在第227次会议上通过了《关于改革法学教育的法律草案》，公布了《法学教育改革法》。改革后，德国学术型法律人才培养模式有如下变动：在培养目标上，不再以培养法官作为唯一目标，而是旨在培养在任何一个在法律职业领域有能力开展法律工作的专业人才；在教学内容方面，大幅度提高选修课的比重，强化相关技能训练，与培养"具有全方位工作能力的法律家"相适应。在选修课范围的确定方面，各大学法律院系具有自主权。相关技能训练方面强调了谈判管理、会谈、辩论、调解纠纷、和解和交往等技能；在考试制度方面，将"第一次国家考试"改为"第一次考试"。学生结束大学基础教育阶段的学习后，不再参加由国家（即各州）举行的国家考试，而是参加两种不同性质的考试组成的考试：一是由各大学自行举行的"大学考试"，内容仅涉及选修科目；二是由国家举行的考试，内容仅涉及必修科目。只有通过两部分考试的学生才能进入预备期阶段，为第二次国家考试做准备。如此改革，有助于改变大学只管教育不管考试的局面，有助于大学培养学生的责任感；在预备期阶段加强律师对见习生的培训，引导见习生接受更多的律师职业训练。

3. 英国学术型法律人才培养模式

英国是英美法系国家的代表，也是传统学术型法律人才培养模式的典型。在培养目标方面，在英国，各大学的法学院重点培养的是有实践能力的法律职业工作者。通过法学院的培养，学生掌握法律知识和技能，为进入法律职业界创造条件。

在课程设置上，开设什么课程，如何组织教学等原则上都由大学自定。英国的大学一直十分重视系统的基础理论教育，在基础法学教育阶段，大部分学院主要向学生开设以下7门法律基础知识课程：债法1（合同）、债法2（侵权）、刑法、衡平法和信托法、欧洲联盟法、财产法（土地法）和公法（宪法和行政法）。除了这些科目以外，学生可以选择主攻方向，在某一领域做更进一步的专业学习，如专利法、税法等。在以后的学术型法律人才培养阶段中逐渐增加法律实践技能培训课程，如口头论说技术、询问技术、调解与协商的技巧、辩护的技术，以及各种法律文件起草的写作技巧，如合同、法规和条例等的起草。

在教学内容与方法方面，英国的法学院教给学生的是基本的法律知识、基础的法学理论和法律技能、具有法律职业特点的思维方式和分析、判断、解决问题的能力。教会学生能够像律师那样思考问题和具备驾驭、运用法律资源的能力。英国是典型的判例法国家，因此在教学方法上，法学院（系）都非常重视案例讨论教学，其基本方式是问答和讨论。具体做法是：教师准备判例法材料，其中收集有关部门法或某一主题的有代表性的判例。课前由学生根据教师的布置认真准备，包括熟悉某些判例，掌握案件事实和判例根据等，通过自己独立思考做好发言摘要。上课时间教师做简单启发性发言后即引导学生展开讨论，以探讨、分析、评价有关判例。然而，有些学校过分使用判例教学，招致一些学者的批评："虽然我们的'判例法'（主要是上诉法院的书面判决）是在19世纪时作为使学生通过归纳法学习理论性'法律科学'的工具设计的，但是我们今天更多地运用案例会达到摧毁理论而非建立理论的目的。"

在评价体系方面，主要分为以下两种评估方式：①学校内部考核。学生在校学习3年期间，都要经过学期考、学年考，最后参加毕业考试并提交一篇论文，学位论文由教师集体评议，顺利通过才能毕业，授予学位。凡通过考试者，多数大学的法学院（系）授予学生法学学士学位，而牛津大学和剑桥大学的法科毕业生则被授予文学学士学位。平时考试方式主要有开卷和闭卷两种。考试的方法有课堂考试、当天考试或若干天完成的开卷考试，还有学期论文，对某些必修课同时举行2—3小时的笔试和5分钟以内的口试，此外，还把学生学习成绩与个人荣誉、奖学金和就业紧密联系起来，给学生的学习以极大的推动力。②外部评估。英国拥有完善的高等法学教育评估体系，英国的法学院评估指标有许多，但主要的指标有两个：教学质量评估和科研等级评估。教学质量评估由全英教学质量评估机构进行。该机构定期对学生质量、教师的权利与义务等方面进行严格评估，并公布评估结果。科研等级的评估则由基金委员会根据各大学科研的力量来评估。

4. 日本学术型法律人才培养模式

日本的学术型法律人才培养模式是建立在逐步扩大研究生教育、限制法学本科教育的基础上的。日本的法律博士号称法务博士，法务博士可以从法学和非法学本科生中招录，其招录的考试统一为无专业针对性的逻辑、表达能力测试，以培养法律职业人为目标。日本的司法考试限制本科生报名，但是法务博士在取得学位的同时即获得司法考试的特权。

日本的学术型法律人才培养模式很值得我们借鉴和学习。学习日本学术型法律人才培养模式的自由、独立精神，传播权利意识，制定法学教育发展战略规划以及整合资源、控制规模，将法律硕士的培养定位于法律职业人才的培养，与法学本科、法学硕士教育放在一起进行制度设计，并加强与司法考试制度挂钩，促成法律职业共同体形成和规范设计。

总之，在西方各国的法治历史上，法律人是该国法律制度的制定者和践行者，是法治文化的传播者和推动者。正如国际著名法学者拉德布鲁赫（Radbruch）所说："假如没有法律家阶层，任何法律秩序都不可能存在。"所以，也可以说，"法治就是法律人之治"。不管是英国、美国，还是德国、日本的法律教育，他们都坚持把学术教育和职业训练结合起来。目前主要有以美国为代表的，由大学全面负责法律教育中的学术教育和职业教育，以及以德国、英国和日本为代表的，由大学和职业训练机构分别负责法律教育中的学术教育和职业教育。不管采用哪一种培养模式，法律人才培养的职业化和精英化，将学术和实践相结合以适应本国的社会实际需要和经济全球化的世界需要是各国法律教育在改革中不断追求的目标。

西方国家法律职业群体在其法治社会中所扮演的角色为我国法律职业群体、特别是法学研究生教育提供了宝贵的经验和充分的借鉴。

（二）国外相关学术型法律人才培养模式对我国的启示

从上述国家的法学教育人才培养模式中我们可以看到：各国的法学教育都有自己明确的培养目标，英国的本科法学教育为培养职业律师而存在；德国在通过《关于改革法学教育的法律草案》后，以旨在培养在任何一个法律职业领域都有能力开展法律工作的专业人才为培养目标。我国的本科法学教育也亟须改变培养目标模糊的状况，根据市场需求和高等教育现状确定自己应培养什么样的人才。

在课程内容的设置上，各国也都有其自身特色。英国的本科法学教育除了开设基础知识课程外，还重视法律实践技能培训，增加了口头论说技术、询问技术、调解与协商的技巧、辩护的技术，以及各种法律文件起草的写作技巧，如合同、法规和条例等的起草。另外学生还可以根据自己的兴趣选择主攻方向。德国的学术型法律人才培养模式改革后，与培养具有全方位工作能力的法律家这一培养目标相适应的是，在课程设置上，大幅度提高了选修课的比重，强化了谈判管理、会谈、辩论、调解纠纷、和解、交往能力等技能训练。各国在课程设置上，基本是以培养目标为指导的，英、德两国的法学教育除了传授基础理论课程外，均比较重视实践技能的培训。我国的本科法学教育在实践教学环节存在一定欠缺，应对此有所借鉴。

在教学内容和教学方法上，英美法系的法学教育一般除了教授基础理论知识、实践技能以外，还注重培养学生的律师职业思维。英国作为典型的判例法国家，对案例教学非常重视，通过案例教学培养学生独立思考的能力及分析、解决问题的能力。大陆法系的法学教育以传授理论为主，在教学方法上采取的是讲授式，德国的法学教育改革后，在教学内容中加大了实践技能培训课程的比重。中国的法学教育模式总的来说属于大陆法系国家的教育模式，注重对法律知识的讲授，缺少运用法律技能方面的实务训练，学生创新意识和创新能力不足。在两种法系日益融合的趋势下，中国的学术型法律人才培养模式应吸收英美法系教育模式的优势，调整理论课程与实践课程的比例，引入启发式教学，使学生既有良好的理论基础又有较高的法律技能和创造能力。

在评价体系上，英国拥有相对完善的评价体系，分为学校内部考核和外部评估。学校内部考核主要有学期考、学年考、提交毕业论文等形式，是学校为了衡量法学专业的学生掌握知识的情况而采取的评价措施；外部评估由全英教学质量评估机构和基金委员会进行，全英教学质量评估机构定期对学生质量、教师的权利和义务等方面进行严格评估，基金委员会则对学校的法学学科的科研情况进行评估。德国的考试制度非常严格，除了课程考试，学生还要通过两次国家考试才能结业。中国的本科法学教育在评价体系上主要是学校内部组织的专业课程考试和国家司法考试。我国的法学本科专业毕业生只要能通过国家司法考试就具有法律执业资格，在进入实务界前，没有进行较长时间的执业资格培训，使得直接进入工作状态的毕业生们难以胜任实际工作。中国本科法学教育应加强对学校职业资格培训的力度评估

第二节　学术型法律人才培养模式的现状及成因

一、我国学术型法律人才培养模式现状

大陆法系国家多采取法律素质教育模式，注重理论的学习，虽然我国在教育进程中历来注重学术理论的培养，但是由于受到国际多元法律文化的冲突以及国内社会发展多变的法律环境的影响，当前我国学术型法律人才培养模式存在以下问题。

（一）对学术型人才培养目标界定不清

国学大师梁启超先生指出："他事无宗旨犹可以苟且迁就，教育无宗旨，则寸毫不能有成。"由此道出了明确设定教育培养目标的重要性，以严谨为特征的法学教育更是如此。但是现阶段我国学术型法律人才培养目标的界定并不十分明确，教育机构应当培养学术型研究人才的何种能力以及如何培养，在这一点上广大学者并没有达成共识，并且在实践中各院校的培养计划与教学目标也相差甚多。是将学术型法律人才培养成"纯粹的学术研究型人才"，只重理论与研究，为高等教育和科研机构培养教学和科研储备人员？是顺应社会实践对高质量实务法律人才的需求，将学术型法律人才培养成具有扎实法学理论知识基础、严谨法律思维与坚定法律信仰的"职业实务型"精英？还是采取"综合型"的培养机制？有学者指出："学术型法学学位应为法学硕士和法学博士，以培养研究型人才为主旨，为法学学术研究、法学教育输送人才。对法学硕士，应注重研究能力的提高，注重研究方法、研究手段、研究课题选择等方面能力的培养，为进一步开展研究或从事博士研究奠定基础。法学博士旨在培养从事高等教育或学术研究的高级法学人才。"还有学者指出，法律职业需求决定了法学教育的培养目标、主要任务和发展方向，法学教育自然应当主动回应法律职业和法律人才市场的要求，因此学术型法律人才的培养虽然是以学术理论研究为导向的，但是其目标与落脚点应在职业实务，而非过于纯粹的严重与实践脱节的抽象学术研究。

但不管怎样，在应用型法律人才被不断重视的现状下，学术型法律人才的培养的特色渐渐减弱。以硕士研究生培养为例，我国自1996年以来步入了法学硕士（学术型）和法律硕士（应用型）独立培养的"双轨制"的体制，二者在培养目标、课程设置、教学方式以及评价模式等方面都应当有明显区别。但事实是，

二者在培养方式上并无多大区别，大部分法学硕士在毕业后没有继续走学术型和研究型道路，而是将进入实务部门作为就业的首要考虑，和法律硕士的就业需求大致相当。学术型法律人才培养的目标是整个培养模式的核心，目标能否准确定位，将直接影响到学术型法律人才培养的发展方向。

正是对学术型法律人才培养目标的定位不明确，导致传统的学术型法律人才培养模式培养出的研究生欠缺扎实的理论基础和基本的科研能力，多数研究生并未最终走上法学研究的道路，而是纷纷走向实务岗位。鉴于此，许多具有招收学术型研究生资格的高等院校纷纷减少学术型法学研究生的录取比例，试图还原学术型研究生的本来面貌。

（二）课程设置不尽合理

首先，从法律知识的角度来讲，作为一名合格的学术型法律人才，必然应具备深厚的法学理论功底。但是近年来应用型法律人才培养模式备受关注，法学教育机制改革与完善朝着应用型、职业型的方向如火如荼地进行，受到二元对立思维模式的影响，学术型法律人才的培养则受到冷落。相应的法理学、法哲学等理论性较强的课程受到了师生的轻视，并且被贴上了"脱离实践"的标签。事实上学术理论知识并非与实务职业方向相违背，二者是相辅相成、"亦此亦彼"的关系，重实务的做法无可厚非，但万不可轻学术。

其次，学术型课程体系设置忽视了法学专业学科之外其他交叉学科作为选修课程的设置。学术型人才研究的法学领域较窄、较专，一般只有一个方向，相应的法学院在课程设计上一般也只开设和此方向相关的课程，这样虽然保证了学生有充足的时间去钻研本职学科，但是考虑到法律知识复杂性的特点，此种做法则有失妥当。美国法学家博登海默（Bodenheimer）指出："法学并不是社会科学中一个自足的独立领域，能够被封闭起来或者可以与人类努力的其他分支学科相脱离。"美国法学教授庞德（Pound）也指出，最好的法学教育是多维的教育，要全面地吸收和学习各种知识。法律涉及政治、经济、社会、历史、哲学等诸多领域，不可能忽视其他学科而仅仅孤立地研究法律。但是，大多数法学院仅仅开设了法学专业的必修课程，或者虽然开设了其他学科的选修课程，但无论是课时的设置、师资的配置，还是教学效果评价机制都差强人意。即使是专业性较强的学术型法律人才的培养阶段，其课程设置也应该是多元的、丰富的，而不仅仅是单一的法学课程。

课程体系设置的另一个不合理之处在于忽视了法学学科的实践性这一本质。

有法学家指出:"法律是融合了学术性与职业性的奇妙艺术。"即便是在培养学术型法律人才的过程中,实务教育也应贯穿始终。我们不可能脱离社会实践去纯粹地研究法学理论,更不能用脱离实践的理论去指导法律实践。

(三)教学方法与手段单一

1. 教学方法单一

受中国传统教育是文史哲主导模式的影响,加之20世纪90年代前缺少法律职业,我国传统的学术型法律教育基本上停留在理论分析、法律诠释阶段,传统的高校学术型法律教学注重理论知识的灌输,轻视实践能力的培养,造成了理论与实践一定程度上的脱节,距离司法实践的要求差距较大。近些年来,虽然一直在倡导教学方法的改革,甚至有些院校借鉴国外的学术型法学教育经验,引入了案例教学、诊所教学等方式,但收效不是很明显,对于学术型法学教学来说,理论讲授式的教学方法仍占据主导地位。要提高学生的法律素质,改变传统育人模式,必须将理论教学与实践结合起来,"教授法律知识的院校,除了对学生进行实在法规和法律程序方面的基础训练以外,还必须教导他们像法律工作者一样去思考问题和掌握法律论证与推理的复杂艺术",这样才能为日后从事法律职业奠定良好基础。

2. 教学手段单一

随着科学技术的发展,人类已进入信息时代。教学手段现代化是学术型法学教育发展的重要标志之一。为了改变传统的教学手段,各地不少大学已做出了很大努力,也取得了一定的效果。但我们也不否认有极少数学校,仍处于"三无状态"——一无实验室、二无模拟法庭、三无电化教育设备,有的连资料室都没有,教学质量根本无法保证。现代教学手段有利于使教师从落后、烦琐的信息传递工具中解脱出来,有更多的时间带领学生去理解、思考,分析问题与创造新知识,使学生的学习自由度大大提高;它大大丰富了教材的内容,为学生提供了丰富的视听环境,增强了学习的形象性和生动性,激发学生学习兴趣,同时有助于实现教育的终身化和个性化。

二、成因分析

造成上述问题的重要原因在于学术地位得不到保障:一是功利性太强,缺乏对真理的追求;二是学术权力和学术规范得不到充分的尊重,学术标准得不到坚守,出现以政治代学术、以行政替学术、以关系乱学术的现象。

根据现阶段的形势来看，我们强调法学职业化教育而忽视了法学学术教育，忽视了法律除了应用外更需要进行理论上的构建与论证。法学学术教育培养学生应以一种既宽广又深刻的眼界来看待法律，这种眼界常常是靠学术型的法学教育训练出来的。在教育目标的设定上，由于受到"实务职业导向"观点的冲击，学术型人才培养的目标定位备受争议，界定不是十分明确，传统的教学目标已经不适应当今国际化时代背景，而新的目标定位尚未达成一致结论。传统课程体系的设置也已经过时，不再适应多变复杂的法律实践。我国法学教育在迅猛发展，处在一个尚不完善的过渡时期，传统的教学方法与评价机制在创新的多元教学法与综合评价机制发展成熟前，并不会轻易被抛弃。

第三节　学术型法律人才培养的方法和途径

一、法学硕士的培养

（一）法学硕士的概念

法学硕士属于学术型法律人才的一种。法学硕士研究生教育的招生对象，主要是具有学士学位的法学本科毕业生，或者是具有同等学力的考生。应当参加全国统一组织的攻读硕士学位研究生的入学考试。国家对各学科硕士研究生的录取分数线进行统一的划定，由招生单位决定是否对学生进行录取。

法学硕士是法学专业学位教育中位于法学学士和法学博士之间的一个层次，学习侧重坚实的理论研究，旨在为国家培养全方位的学术型人才。招生考试主要是每年年初的全国硕士研究生统一入学考试，被录取后，获得研究生学历，毕业时，若课程学习和论文答辩均符合学位条例的规定，可获毕业证书和学位证书。

法学硕士的特点是：法学硕士的教育属于普通硕士教育，是介于法学学士和法学博士之间的一个层次学位；法学硕士培养的是以教学和科研人才为主的学术型人才。

（二）法学硕士的培养方法与途径

1. 培养目标

攻读法学硕士学位的研究生中有很大一部分是想投入法学理论研究中来。法学硕士研究生通过对专业知识的深入理解和研究，并在对专业知识深入理解和熟练掌握的基础上，在法学理论研究中不断创新法学理念，使法律能够不断地符合人们的日常生活，更好地为社会服务。法学硕士研究生的培养目标是：为我国社会主义现代化建设和民主法治建设，培养以理论研究为主、宽口径，并能适应司法实际工作的复合型高级人才。

2.课程设置

学术型硕士研究生的课程设置主要以学科为中心，并且依据培养目标编排教学内容。法学硕士研究生的课程分为学位课程、非学位课程、必修环节三部分。其中的学位课程又分为公共学位课、专业基础课和专业方向课。公共学位课主要是政治和外语，专业基础课主要法学基础理论课程，专业方向课是和自身专业有密切联系的课程。非学位课程分为专业选修课和公共选修课，是各个学校根据自身办学特色和专业设置的一些课程。必修环节包括教学实践、学术活动、社会实践等内容。

3.教学方法

法学硕士研究生在本科阶段对法律内容和体系进行了体统的学习和掌握，在研究生阶段，一般的教师不会采用本科的"教材讲授法""案例分析法""辩论式教学法""模拟法庭教学法"。结合学校的办学特色和专业要求，教师会采用"专题讲座教学法""诊所式教学法"和"互助分组讨论法"。比较有特色的如扬州大学法学院马荣春教授提出的"三教法"，即"教其巧读""教其敢思"和"教其勤写"。教师们要饱含热爱学生、勤于法学研究的爱心，针对不同的法学专业的硕士生、在不同的时间和教学地点，运用不同的教学方法，因材施教、因人施教、因地施教，充分利用现代互联网和相关的法学研究成果，在借鉴、移植其他学科方法的基础上，形成独特的法学教学方法，并推行先进的法学教学方法，这样就能培养出符合社会需要的高素质的法学人才。

4.科研能力

（1）培养科研能力的方式

法律研究乃至实践并非简单的逻辑推理、演绎归纳，而是一项创造性的工作。创造性指个人在一定动机推动下从事创新活动的创造性思维的能力，也称创造力或创造心理。在信息时代和法律快速发展的条件下，法律的变化和知识的更新非常频繁，教师不仅要传授给学生基本的法律知识和法律观点，还要让学生具备法律思维能力。实践证明，吸收研究生参与导师的课题是培养研究生科研能力的有效方式。如美国的大学，大都非常重视对研究生科研工作的组织和指导，三年制的研究生至少有一年时间参加科研活动，许多研究生一入学便在导师指导下开展科研工作，有的还吸收研究生参加国家需要的重大科研课题研究，研究生已经成为许多科研课题研究的中坚力量。

（2）选题的方式

法学硕士研究生主要通过阅读或调查研究积累知识，通过不断对已有的知识理论和法学研究动向进行归纳和总结，结合自己的思考形成新的观点，以此求得理论创新，参与课题更侧重于创新性和前沿性。

（3）科研要求

《高教法》已经对硕士这一层次人才应具有的学术水平予以明确规定，只有当申请人的学业水平达到国家规定的学位标准，才可以向学位授予单位申请相应的学位。硕士研究生撰写高质量的调查报告（如案件调查、立法调查等），也应视作完成了科研工作量。法学硕士研究生毕业论文应强调创新性，注重学术水平和科研能力。

（4）课题的组织

一方面，要对研究生参与课题提出明确、严格的要求，即实事求是、客观真实地反映研究对象，做到数字正确、论据可靠、推导有依据、引文有出处，形成有质量的研究或调研成果。另一方面，要倡导独立之思想、自由之精神，为习惯于"师授学录"的研究生参与科研创造宽松和谐的学术环境。

二、法学博士的培养

（一）法学博士的概念

法学博士是法律教育体系中的博士学位，现代法学院的博士学位趋向于强调合乎科学的法律研究。法学博士生教育以培养高等教育和研究机构的教师或研究人员为目标，以对经典著作的研读和讨论为主要授课方式，以学术论文的发表和毕业论文的写作为主要评价标准，是一个张扬学术自主性和彰显学术研究性的过程。

（二）法学博士的培养方法与途径

第一，法学博士的培养目标。博士学位获得者"在本门学科上掌握坚实宽广的基础理论和系统深入的专门知识，具有独立从事科学研究工作的能力，并在科学或专门技术上做出创造性的成果"。第二，法学博士的学制。一般法学博士修读期最少为期三年，当中须包括修完一定学分的指定课程，并通过博士生资格考试，须撰写一篇博士论文并通过论文答辩，获得学院的认可后便能够获得法学博士学位。

第三，法学博士招生的专业。法学博士研究生招生的专业，分为法学理论、法律史、宪法学与行政法学、刑法学、民商法学、诉讼法学、经济法学、环境与资源保护法学、国际法学等专业，主要培养面向法律教学、科研和实务部门的专门人才。

第四，法学博士的学位认证。博士学位是标志被授予者的受教育程度和学术水平达到规定标准的本专业的最高学识水准的学术称号。在学士学位、硕士学位和博士学位三种学位中，博士学位是最高的一级。

我国的博士学位由国务院授权的高等学校和科研机构授予。高等学校和科研机构的研究生，或具有研究生毕业同等学力的人员，通过博士学位的课程考试和论文答辩，成绩合格，达到规定学术水平者，可授予博士学位。

第四节　学术型法律人才培养模式的构建路径

一、培养理论与实践并重的法律思维

法律的程序化和法律人才的职业化，是使西方走向法治道路的两个关键性的因素。现在，许多国家将学术型法学教育分为通识教育和职业实践教育两个部分，目的是更好地培养和塑造法律人共同的思维模式和行为模式。

英国的学术型法学教育具有一套相对完善的制度体系，其中包括了各司其职的法学理论教育与法律职业培训，注重实务能力的"司法考试"，行业组织对法律教育的全方位监督和管理等。这样的制度设计，保证了法律教育与法律职业的紧密衔接，使它们的毕业生完全具备一名法律职业者应有的职业素质。英美的判例法教学，其教学的主要目的就是训练"学生像律师一样思考"。

德国的法学教育是一种学术型教育与职业型教育相结合的教育体制，德国的法学教育是由大学基础教育和法律职业教育两个部分组成。大学基础教育以传授比较抽象的法学理论知识，以及训练案例分析的技术为主要内容，目的是培养学生的法律思维方式。法律职业教育阶段的主要任务侧重培养学生的职业能力。

受到英国、德国等国家法律教育制度的启示，在法学教育中，法律人才的培

养体制是国家司法制度的重要组成部分，法律教育是为整个社会培养法律人才的教育。法学教育不仅要重视知识的传授，而且要重视职业素养和技能的培训；法学专业的学生，既要具有法学的专业性，也要具有法学的技能性。因此，法学教育应当以培养学生的法律思维和职业技能为基本框架，来构建法学教育的整个课程体系。

以现行的课程设置为基础，在此之上，增加有关法律职业的职业素养和法律的基本职能的课程，并且把全国统一的司法考试，作为培养学术型法学专业学生的法律思维和职业技能的一个重要组成部分，使司法考试能够真正地成为法律职业者经过正规的大学法学教育之后，或者经过较长时期的法律实践工作后，取得资格的一个重要途径。

二、深入更新学术型法学教育的理念

学术型法学教育的改革应当从单纯的法律知识和法学理论的教授，发展到多种知识的教授上来，由单纯的法律知识教学过渡到法律理念的培养，从理念上适应不断变化的法律制度，而不是单纯地背诵一个时期的制度层面的法律和规则，应该再加上法律方法的相应训练和培养。因此，要根据不同的需求设定相应的法学专业的教育范畴，实行恰当的教学方法，形成执法、司法人才特有的政治素养。应当不断地改革办学体系，强化基础教育和配套技能教育的教学内容，推进基础教育、技能教育与专业知识教育的相互补充、协调，为学术型法学教育打下坚实的制度基础。应该运用与法学知识有机契合的教学方法，培养出具有较高的综合素质的学术型法律人才。此外，还要改革学术型法律人才的验收制度，使经过了系统的培养并输送到法律实际部门的学生，能够较快地适应实际执法、司法岗位需要。

三、重新定位培养目标

（一）培养目标需要具有独立性

我们在确立培养目标时应当首先考虑到各专业的独立性，因此，我们应当把学术型法学教育的培养目标从抽象的研究生培养目标中抽离出来，使其明确、具体，并可以体现法学专业的学科性与专业性。学术型法律人才的培养目标应当体现以下特性：首先是时代性，法学作为上层建筑，其发展是受制于一定的经济基础的，随着时代的发展以及人们对事物认识的进步，法律规范、法学理论、法学教育等都会发生翻天覆地的变化，那么在学术型法律人才的培养目标上也需要体现这种变化，紧跟时代潮流，培养与时俱进的法律人才；其次是创新性，学术型法学教育的深意应当是培养法律创新型人才，而不是机械的法律使用者，成功的法学教育应当培养出一批兼具灵活应变能力与理论开拓能力的法学生；最后是阶段性，法学教育拥有不同的阶段，不同阶段拥有不同的特点，因此，我们应当针对每个阶段的特点制定不同的培养目标，比如，硕士阶段应当注重对法学理论的进一步研讨与深造，博士阶段应当更加着重对法学某一个领域的高水平、深层次研究。

（二）把较高的综合素质作为法学教育培养的基本目标

法律问题通常也是社会问题，解决好这些问题，需要既懂法律又懂科技等其他的学科知识、既懂中国法又懂外国法、既懂中文又懂外文，而且能够熟练地运用电脑技术的高层次的、复合型的学术型法律人才。20世纪80年代，我国出现了法学第二学士学位教育，这和20世纪90年代开始的法律硕士专业学位教育，都是培养复合型法律人才的试验。

执法者的素质问题在实际生活当中让不少人头疼，也成为一种一时难以彻底解决的问题。我们经常能够看到，不少法院、检察院在向全国人民代表大会及其常务委员会提交的工作报告中，都会提到队伍整体素质在适应新形势、新任务时存在压力的问题，也有部分执法者素质和能力不足的问题，大都反复强调加强队伍建设的迫切性。司法部门的腐败现象，更是因为担负监察、纠正司法部门错误司法行为的部门权力意识较强，但其法律素质和协调政法机关执法司法工作的能力不够高，不能有效地使用法律思维，而使之愈演愈烈。学术型法学教育的培养目标，既要注重司法官员的培养，还要重视立法机关、行政机关执掌法律、法规者和法律科研人员的培养。这就要求学术型法学教育的培养模式要尽量缩短进入实际部门角色的过渡时间，适应社会对法律人才的需要。以往的"通才"教育应当精细化，改变大学对学术型法律人才的培养模式，这是实现正确的学术型法学教育目标的唯一途径。

四、构建新型的学校教育模式

一种人才培养模式的构建，总是要以一定的教育理论和教学目标为深层次的动因。在明确了我国法学教育的目标之后，接下来的问题，就是如何达到这一目标。为此，现有学校的法学人才培养模式和教育理念必须进行改革，构建出一种培养优秀法律人才的新型的学校教育模式。

（一）完善课程教学体系

学术型法律人才的课程设置既要考虑到法律复杂性、涉及面广的特点，又要考虑到实践教学中时间的分配利用。体系的设置要平衡合理，不能走极端。过少的课程达不到培养高学术水平人才的目的，过多的课程则构成了资源的浪费。专业方向的课程不可或缺，非专业方向的法律基础课程也是必不可少的，因为虽然经过了法学本科对法学基础知识的系统学习，但是法学作为一个整体的学科体系，其基本理论与法理具有互通性，往往在研究一个方向的问题时会运用到另一法学专业的理论。法律又是在发展变化中的，德国法学家基尔希曼（Kirchmann）曾以讽刺的口吻说："立法者只要修正三个字眼，整个（法学的）藏书就变成废纸一堆。"法律虽具有固定性、权威性，但是在飞速发展的今天，条文乃至理论的改变并不新鲜，学术型法律人才要跟上法律发展的步伐，促进法律学术的发展，就要在法学硕士与法学博士学习阶段继续学习非专业方向的法律基础知识与理论。与此同时各交叉学科的基础知识课程应设置为选修课程，以供不同学生根据自己的兴趣和发展方向来选择。

在笔者看来，法律是一门应用型的学科，法学研究，包括法律专业理论问题的研究是为了更好地解决实践中各社会领域的难题，包括政治、经济、教育等。学生在规划自己的职业时总会与除法律之外的另一领域挂钩，所以交叉学科的学习是必要的。教师也可综合考虑实际教学情况及学生个人情况，安排阅读法学与非法学专业的经典书籍等作为课程教学辅助，这样在课程之外也保证了学生有足够的精力投入学术研究中，学生有专业教授推荐的书籍目录也不至于在想阅读大家学者的学术成果时不知如何选择。学术教育与实务教育并非矛盾对立而是相辅相成的关系，实务教育为学术教育的源泉，学术的研究不能离开实践，因此相关实践教育课程在学术人才的培养阶段也是必不可少的，以实现理论性与职业性的共生融合，互促互进。基于此，有学者提出了法学教育领域的"双师教学"，即为学生同时配备一名学术型教师与一名实务型教师。

课程教学体系的设置应突出前沿性与时代性，要能够反映出法学学科专业领域的重大研究热点与学术成就。设置的课程不仅要向学生传递已有定论的法学理论专业知识，同时还要向学生介绍最新的法学学术研究成果、理论，介绍古今中外各法学流派及其学术观点，介绍法学各领域未来的发展方向、潮流和趋势等内容，为其继续深造及理论创新打下牢固的理论基础。同时，课程的设置也应考虑法律职业道德的培养，因为无论今后学生走向何种职业道路，道德是不可或缺的。

学院应开设法律职业道德教育课程，鼓励学生阅读法学道德、学术道德读物，教育者更应以身作则，守好法律职业道德底线，宣扬法律道德精神。

（二）完善质量评价体系

此处的质量意指学术水平。一个优秀的质量评价体系应该更多地促进学生思考未来职业道路的优缺点，指导学生获得相关的学习机会，激励并引导学生在整个法学院学习期间逐渐进行复杂的工作，积极承担更多的责任。评价的目的不应是给学生打一个荒唐的分值，排列一个匪夷所思的名次。期末考试成绩仅能作为一部分评价依据，因为法学是一门实践性很强、灵活性很高的学科，单纯依靠理论知识记忆考核，无法真正促使学生掌握扎实的理论知识和促进学术研究。质量评价的重点应侧重于学术创新与学术成果，此点区别于以硬性法律知识为重点考查对象的法学本科教育与以实务能力为重点考查对象的实务型法学人才的培养。

根据学术型法律人才的培养目标要求来确定评价的机制，以主观性评价为主，从而有效激发并培养学生的理论思维和学术创新精神。论文写作、文章发表、课题研究等均可作为评价考虑的对象，因为大多学术成果体现在这几个方面。老师也可让学生参与自己所研究的课题，并根据学生各方面的表现对其做出评价。学校应当确立学术本位主义理念，把学术科研能力作为研究生考核的首要因素，而不是他们左右逢源的"行政能力"。法学院应确立一个明确而不死板的学术成果评分体系，综合考虑学生的其他科研能力表现。科研实践活动也应作为部分评价依据，因为如前所述，法律实践对于学术的研究是至关重要的，理论正是来源于实践的，同时科研实践活动能够很好地训练学生的科研能力。

（三）完善教学新机制

1. 积极调整教学内容和方法

学术型法学教育应当突出强调人文素质的教育，把法学知识、法律规范精神和法律实践紧密地结合在一起，增强对其他学科知识的吸收、借鉴和对现实需求的关注，努力拓展学生的眼界，发挥学生的逻辑思维能力，培养学生法律思维技能。

学术型法学教育应当由传授知识转向教授学习方法，并且使学生运用各种学习方法来学习知识，学会运用知识去解决问题。在教学内容上，把教授职业上的共同感觉、职业上的共同尊严和职业操守、职业技巧等作为基本的内容。在教学方式上，一是对原有的知识进行讲述和理论阐述，主要采用讲授教科书式的教学方式；二是采取案例讨论、案例分析等，主要采用师生互动式的教学方式来进行，通过实践部门寻找典型的案例进行分析，从而增强对法律原则的理解和提升法律规范的使用能力。

人文素质的教育地位，应当进一步得到加强，不仅是在入学伊始为学习法学打基础的基本能力教学，更应当是培养学生健全的人格、意志力、性情，使之学会如何去尊重人和关爱人的教学。在中后期，应当举办一些专题性讲座等，增强法学知识学习的效果，提升学生的综合素质。职业训练应当着重强调实践技能的培训，在继续抓好学术型法学理论方面教学和院校师资自身教学改革的同时，还应当强调专业性、实务性的教学内容，大力提倡启发诱导式的教学方法，积极采用现场观摩、专题讨论、案例分析等涉及具体情境、多种角色相互交融的教学方式，把记忆教学转化到应用教学上来，多次到法院、检察院实习或观摩，既努力追求对法律条文的熟练程度，又更加积极地强化实际运用能力和综合思维能力，训练学生站在不同的角度去想问题，使之获得法律实务中的经验，最终得到处理纠纷的"唯一正解"。

2. 依托语文学科、逻辑学科、应用写作学科等基础教育学科

学术型法律人才主要是文科的人才，就是对需要解决的法律问题，运用法律思维的方式，将其由客观事实转化为法律事实，从证据材料中选取定案的证据。还应该努力培养学生高超的概念认知能力、较高的阅读理解能力、规范的逻辑思维能力、优秀的表达能力和各种应用性文章的写作能力。在学校教育当中，学生要学习合同的起草、诉状的撰写、裁判文书的制作等实用法律文书写作的方法与技巧，并且掌握研究性学术论文等法律论文的写作方法。除了课堂上记住司法文书的格式、结构以外，在讲话、报告、通知、调研等文书的写作能力的培养上，还要着重培养论述的逻辑思维能力和逻辑表达能力，在纷繁复杂的材料中，尽快地找到有意义的问题，并且对问题进行符合逻辑规律的论证。在各种文体写作中，要做到概念清晰、语言简捷，采用符合逻辑思维的论证方式，增强层次感和思维的渐进性，并且，借此来提高表达效果、增强论文的说服力。

3. 积极开拓决断方法教育、法学方法论及法律实务调研的教育

决断，就是帮助司法执法人员建立正确的法律思维，不同于法律规范的解释，但是，也不是法律思维、法律论证和法律推理的简单运用，而是事实认定、证据分析、法律规范选择及处理案件中的调解、生效法律文书的执行等的方法，通常要用到政治学、经济学、管理学等多个学科的知识，考虑到个案中的利益分

配与当事人所代表产业的利益平衡、与社会公益的平衡，使得多个矛盾纠纷得到最佳的处理，使得多个社会问题得到最佳的解决，达到法律效果与社会效果的高度统一。

要积极探索法学方法和法学方法论教学，教授给学生学习法学知识的方法、研究法学理论的方法、全面理解和正确使用法律规范的方法、解决各种复杂案件的方法、创设规范的方法，并树立学习知识、充分运用恰当的方法论去解决问题的现代法学观念。

在全球经济加速发展的时代，学术型法学教育和法律人才的培养应当进一步把目光投向世界、投向国际，充分重视培养法科学生的依法治国观念、司法独立与公正观念、非歧视观念、国民待遇观念、透明度观念，还应当十分重视国际交往纠纷和涉外案件的情境分析能力、处理能力，努力培养学生和法律职业工作人员在复杂的矛盾中分析问题和解决问题的能力，努力培养学生和执法司法工作者了解和适应新时期的各国法律制度、国际组织统一规则的能力。

参考文献

[1] 王允武、冉益群、邓建民等.法学教育：实践与改革[M].成都：四川人民出版社，2008.

[2] 朱立恒.法治进程中的高等法学教育改革[M].北京：法律出版社，2009.

[3] 梁津明.法学教育改革与探索：应用型法律人才培养的新视角[M].北京：法律出版社，2010.

[4] 杨建广、郭天武.法学教学改革与卓越法律人才培养[M].北京：中国法制出版社，2016.

[5] 谢伟.论我国卓越法律人才的培养[M].北京：中国政法大学出版社，2019.

[6] 唐素林."互联网+"模式下法学教育改革路径的困境与思考[J].法制博览，2020（30）：161-162.

[7] 孙那."一带一路"背景下法律人才培养模式创新探索[J].法制博览，2020（25）：35-36.

[8] 肖纪连.实践性法律教学与法学教育改革研究[J].法制与社会，2020（23）：154-155.

[9] 陈红梅、宁嘉.依法治国背景下的法学教育改革：以体验式教学法为视角[J].创新与创业教育，2020，11（02）：127-131.

[10] 李凌云.应用型法律人才的培养模式改革研究[J].法制与社会，2020（35）：168-169.

[11] 张妮.全面推进依法治国视野下的法学教育改革[J].中国多媒体与网络教学学报，2021（12）：188-191.

[12] 潘琳达.基于"互联网+法学教育"改革的问题研究[J].法制博览，2021（29）：15-16.

[13] 赵权、张泽.日本法学教育改革得失与启示[J].商丘职业技术学院学报，2021，20（02）：13-17.

[14] 王威. 运用多元化教学方法 培养应用型法律人才：评《行政法律实务实训教程》[J]. 山西财经大学学报, 2021, 43（06）: 132.

[15] 靳雅丰. 实践性法律教学与法学教育改革路径浅述[J]. 科幻画报, 2021（03）: 188-189.

[16] 刘富文. 创新创业教育视域下法学教育改革的路径选择[J]. 科幻画报, 2021（03）: 64-65.

[17] 安涛. 新时代背景下我国应用型法律人才培养途径分析[J]. 法制博览, 2021（02）: 176-178.

[18] 戴昶舒、鲍铁文、邵鹏飞. 法学教育改革中实践性法律教学的作用与应用思路[J]. 法制博览, 2021（07）: 183-184.

[19] 张阳、尚彩云. 澳大利亚的法学教育改革：经验、彷徨与启示[J]. 法学教育研究, 2021, 32（01）: 254-275.

[20] 毋晓蕾. 法学实践教学改革与卓越法律人才培养[J]. 法制博览, 2021（06）: 187-188.

[21] 胡燕佼. 法治中国视域下的法律人才培养模式探析[J]. 新教育, 2021（01）: 74-75.

[22] 尕永强、安兵. 卓越法律人才培养目标下模拟法庭实践教学考核方法探究[J]. 法制与社会, 2021（01）: 161-162.